O PODER DO RESET

Paula Abreu

O PODER DO RESET

Um guia simples e poderoso para recomeçar e organizar sua vida

1ª edição

Rio de Janeiro | 2024

DESIGN DE CAPA
Júlia Ambrozini | Foresti Design

FOTO DA AUTORA
Rodrigo Cirne

CIP-BRASIL. CATALOGAÇÃO NA PUBLICAÇÃO
SINDICATO NACIONAL DOS EDITORES DE LIVROS, RJ

A146p

Abreu, Paula
    O poder do reset : um guia simples e poderoso para recomeçar e reorganizar sua vida / Paula Abreu. - 1. ed. - Rio de Janeiro : BestSeller, 2024.

    ISBN 978-65-5712-337-9

    1. Desenvolvimento pessoal. 2. Autorrealização. 3. Técnicas de autoajuda. I. Título.

23-87258

CDD: 158.1
CDU: 159.923.2

Gabriela Faray Ferreira Lopes - Bibliotecária - CRB-7/6643

Texto revisado segundo o novo Acordo Ortográfico da Língua Portuguesa.

Copyright © 2024 by Paula Abreu
Copyright da edição © 2024 by Editora Best Seller Ltda.

Todos os direitos reservados. Proibida a reprodução, no todo ou em parte, sem autorização prévia por escrito da editora, sejam quais forem os meios empregados.

Direitos exclusivos de publicação em língua portuguesa para o mundo adquiridos pela
Editora Best Seller Ltda.
Rua Argentina, 171, parte, São Cristóvão
Rio de Janeiro, RJ – 20921-380
que se reserva a propriedade literária desta edição.

Impresso no Brasil
ISBN 978-65-5712-337-9

Seja um leitor preferencial Record.
Cadastre-se no site www.record.com.br e receba informações sobre nossos lançamentos e nossas promoções.

Atendimento e venda direta ao leitor:
sac@record.com.br

*Recomeçar é uma escolha corajosa e um sinal de força interior.
O importante é manter-se fiel a si mesmo e não desistir dos seus sonhos.*

Malala Yousafzai

Sumário

Introdução — 9

Capítulo 1: A importância do autocuidado — 31

Capítulo 2: O reset da saúde física — 51

Capítulo 3: O reset da saúde mental e emocional — 81

Capítulo 4: O reset do tempo e da produtividade — 97

Capítulo 5: O reset da organização — 117

Capítulo 6: O reset da atenção e do foco — 131

Capítulo 7: O reset da felicidade — 147

Conclusão — 163

Introdução

A vida nos desafia com mudanças inesperadas para nos lembrar de que somos capazes de nos reinventar e superar qualquer obstáculo.

Por que você merece dar um reset na sua vida

Deixa eu te contar sobre um dia, alguns anos atrás, quando percebi que algo grandioso tinha mudado na minha vida e que as coisas não voltariam tão cedo a ser como antes.

Eu estava deitada em uma maca no meu quarto, e a Camila, minha fisioterapeuta, trabalhava arduamente para colocar meus ossos no lugar de novo. Digo assim, "ossos", porque era mesmo muita coisa que estava fora do lugar. Meu sacro estava torto, minhas pernas estavam com uma diferença de altura de cerca de dois dedos, e eu sentia dores insuportáveis no ciático, além de ter cãibras que me tiravam o ar.

A pobre Camila vinha três vezes na semana e usava todas as técnicas que podia para me colocar inteira e andando bem de novo. Nosso trabalho era mais que urgente: em um mês e meio, eu teria que ficar de pé, dançar, pular e correr em um evento meu, ao vivo, para mais de 1.600 pessoas.

Ah, e tinha mais um detalhe, literalmente pequeno, chamado Theo, meu filho recém-nascido, que também era um desafio. Por conta da minha condição de saúde, eu mal conseguia trocar suas fraldas, pois era impossível me manter cinco minutos em pé sem ficar cansada e com falta de ar.

Naquele dia, enquanto meu marido filmava a Camila reposicionando minhas pernas e me ajudando a levantar cada uma delas alternadamente, eu tive certeza de que seria uma longa jornada de volta à Paula de antigamente. Se é que isso fosse mesmo possível...

Desde 2012, quando conheci o conceito de alta performance com meu mentor norte-americano, minha vida se transformou de maneira surreal. Eu trabalhava como advogada, mantendo um estilo de vida deplorável e uma saúde pior ainda, até que fiz uma megatransição de carreira e me tornei escritora em tempo integral e empreendedora. Passei a adotar protocolos de alimentação, sono, atividade física, meditação, respiração, autocuidado mental e emocional, entre tantos outros, e obtive resultados extraordinários na minha vida pessoal e profissional.

A partir de 2013, passei a ir muitas vezes por ano aos Estados Unidos para participar de treinamentos de alta performance, e fui certificada como coach nessa mesma área pelo High Performance Institute na Califórnia. Em seguida, fiz a formação de coach de saúde pelo Institute of Integrative Nutrition (IIN) de Nova York e, no ano seguinte, me certifiquei como instrutora de yoga após um treinamento de duzentas horas.

Como se pode imaginar, em alguns anos eu havia me tornado uma mulher que vivia em alta performance tanto na vida pessoal quanto na profissional, com uma saúde de ferro.

Até que, talvez por conta dessa saúde acima da média, engravidei aos 41 anos, sem querer. Eu não achava que isso fosse possível a essa altura do campeonato. Meu marido e eu não planejávamos ter mais filhos, pois juntos já tínhamos três. E, mesmo assim, não só engravidei aos 41 anos como também descobri que esperava gêmeas. Grandes mudanças inesperadas tiram a gente da zona de conforto, e precisamos abraçar o desconhecido.

Quando enfim nos acostumamos com a ideia de sermos pais novamente e de passarmos a ter cinco filhos, aconteceu uma reviravolta trágica: descobrimos que eu estava abortando as gêmeas. Um aborto retido que demorou um mês e meio para descer. Mais uma vez, minha saúde de ferro ajudou: meu corpo se resolveu sozinho, e não precisei fazer nenhum tipo de procedimento ou curetagem.

Foi um período muito difícil. Segundo o médico, meu útero aparentava ser bem mais jovem do que os meus 41 anos, então eu poderia engravidar de novo se assim quiséssemos.

E assim foi. Em dois meses, estava grávida novamente, dessa vez de um menino. Tudo corria bem, até que, no quinto mês, surgiu um cisto de mais de cem mililitros. Ele foi dobrando de tamanho mês a mês até que, no final da gestação, atingiu o mesmo peso do meu filho, cerca de três quilos e meio.

Durante todo esse período, o cisto trouxe vários desafios extras para a minha gravidez, que, aos 42 anos, já era naturalmente de risco. Primeiro, havia o risco de ele torcer a qualquer momento, o que acarretaria dores profundas (como se fosse uma apendicite) e a necessidade de intervenção cirúrgica de emergência. Isso me obrigou a cancelar muitos eventos e palestras fora do Rio.

Depois que o cisto passou de meio litro, não havia mais perigo de torção, porém começaram a vir os desconfortos adicionais de estar praticamente grávida de gêmeos: uma barriga imensa, pesada, e que aos poucos foi detonando a minha coluna.

Eu já estava chegando às 42 semanas e nada de entrar em trabalho de parto. Minha médica, então, agendou uma indução, que ao que tudo indicava nos levaria a um parto natural, que era o meu desejo.

No entanto, nada na minha gestação tinha saído como esperado e, depois de trinta horas de trabalho de parto e contrações, sem que houvesse dilatação, precisamos fazer uma cesárea. Ao iniciar a cirurgia, contudo, uma nova surpresa: minha médica descobriu que eu tinha uma complicação obstétrica grave, razoavelmente rara, que se manifesta em uma a cada 2.500 mulheres e que é a causa número um de morte materna no parto ou pós-parto.

Por ser uma complicação grave e impossível de ser diagnosticada com as ultrassonografias que em geral são feitas no pré-natal, é normal que só seja descoberta na hora do parto. Em vez de ser uma cesárea simples de vinte minutos como todas as outras, meu parto se transformou em uma delicada cirurgia de mais de duas horas e meia, em que minha médica precisou desgrudar cuidadosamente a placenta do meu útero, buscando com toda a sua destreza evitar uma histerectomia (algo recorrente em 70% dos casos dessa complicação).

Apesar dos obstáculos, meu filho nasceu bem, e eu não morri; do contrário, você não estaria lendo este livro (pelo menos não escrito por mim mesma). Também não perdi meu útero. Porém, meu estado de saúde após essa aventura toda você já ficou sabendo no início desta história. Tudo isso aconteceu em 2019.

* * *

Corta para 2023. No início do ano, algo parecia estar ainda mais estranho. Eu já havia recuperado meus movimentos e não sentia mais falta de ar, é verdade. No entanto, ainda não podia me exercitar no mesmo ritmo de antes devido a duas lesões que a barriga gigante de "gêmeos" me deixou de presente: uma diástase[1] de quatro dedos de distância e uma hérnia umbilical.

Além de tudo isso, comecei a sentir como se houvesse uma névoa mental, eu tinha dificuldade de foco e fadiga em momentos inesperados e, o mais importante, uma falta de vitalidade generalizada. Eu não estava deprimida, porém não sentia mais vontade de fazer as coisas. Não queria fazer meu trabalho (que eu amo), não queria me divertir e não tinha energia para brincar com meu filho pequeno, que estava com pouco mais de 3 anos.

Minha saúde havia chegado ao fundo do poço. Lembrei daquele dia em 2019, quando, na maca, eu tive a certeza de que precisaria percorrer uma longa jornada para recuperar minha saúde e voltar a ser eu mesma. Me dei conta de que, por algum motivo, desde então, eu não tinha iniciado essa jornada — mesmo sabendo que ela seria longa. Ao contrário, eu havia deixado a vida me levar, adiando a cirurgia da diástase e da hérnia, parando de me exercitar de forma adequada, me alimentando de forma aleatória, dormindo mal, meditando pouco, enfim, fazendo quase nada do que eu sabia que era necessário para viver uma vida extraordinária e em alta performance.

No livro *Hábitos atômicos*, o autor James Clear explora o conceito de juros compostos dos hábitos e seu impacto em nossa vida pessoal e na nossa saúde. Ele descreve como nossas escolhas diárias e pe-

---

[1] A diástase abdominal é comum entre as mulheres no pós-parto. O abdômen fica deformado pelo afastamento dos músculos reto abdominais, causando flacidez abdominal e dor lombar nesse período.

quenas ações se acumulam ao longo do tempo, gerando resultados significativos a longo prazo. Assim, os juros compostos dos hábitos seguem a mesma lógica do mundo das finanças. Pequenas ações diárias, mesmo que pareçam insignificantes no momento, têm o poder de se acumular e gerar resultados significativos no futuro. Quando negligenciamos nossa saúde e vida pessoal por muito tempo, os efeitos negativos dessas escolhas se multiplicam e se tornam cada vez mais difíceis de reverter.

Bem, depois de mais de quatro anos afastada de praticamente todos os meus hábitos saudáveis, e investindo diariamente em péssimos hábitos, eu estava prestes a descobrir que estava milionária... em problemas.

A descoberta veio com a ajuda da minha médica, Dra. Ivonilde. Em uma longa consulta de anamnese, contei a ela tudo que vinha acontecendo, e saí do encontro com uma batelada de exames para fazer. Só no exame de sangue foram 17 tubos extraídos, que trouxeram várias informações. A mais importante delas foi a de que eu — que há apenas cinco anos tinha, segundo o médico, um útero com aparência de 30 anos — agora estava entrando no climatério. Meus hormônios estavam todos desregulados; a testosterona e a progesterona, muito abaixo da média. Várias vitaminas e minerais também estavam abaixo dos índices recomendados.

Já as múltiplas ultrassonografias e o exame de densitometria óssea revelaram mais algumas surpresas, das quais as mais importantes foram um cálculo renal e uma osteopenia[2]

Naquele momento, tomei uma decisão: eu precisava reavaliar minhas prioridades, reorganizar tudo e dar um reset na minha

---

2 Perda de massa óssea, que pode evoluir para um quadro mais grave de osteoporose, comprometendo a resistência dos ossos por perda considerável de massa óssea.

saúde — mais ainda, dar um reset na minha vida. Ora, se todos os funcionários de TI das empresas em que trabalhei sempre recomendavam "dar um reset" quando o computador não funcionava direito, e se nosso corpo é considerado um biocomputador (o mais poderoso que existe!), dar um reset no meu corpo parecia ser a solução ideal.

Comecei na mesma hora a reposição hormonal e a suplementação de vitaminas e minerais. Tomei, também, a decisão de finalmente fazer a cirurgia de reconstrução da minha parede abdominal e correção da hérnia. Agendei a consulta com o médico e, em pouco mais de um mês, fiz o procedimento que vinha adiando há três anos e meio.

Na mesma época, fui ao consultório da nutricionista Fabi Sabatini, minha cunhada querida, e iniciei um novo protocolo alimentar, além de mais suplementações. Para cuidar da minha mente e das minhas emoções, comecei a seguir o programa de uma coach norte-americana, que me ajudou a permanecer nesse processo de intensa transformação, e iniciei um trabalho terapêutico com uma especialista em hipnoterapia, para trabalhar tudo a partir do subconsciente.

Reli todos os livros que colecionei nos últimos 11 anos estudando e trabalhando com comportamento humano, saúde e alta performance, e implementei por conta própria outros protocolos que eu mesma fui criando — como um detox digital e um novo protocolo de sono —, com base nas minhas leituras, tanto de livros quanto de artigos científicos.

Tomei a decisão de ter o melhor ano da minha vida no que dizia respeito à minha saúde. Em poucos dias, comecei a experimentar uma transformação incrível. Eu tinha mais energia, minha saúde melhorou e minha capacidade de gerenciar meu tempo de forma eficiente e de me concentrar nas minhas tarefas aumentou significativamente. Longe do celular, que antes eu usava durante muitas horas por dia por causa da natureza do meu trabalho, recuperei o equilíbrio e minha paz mental. As transformações físicas, mentais e emocionais foram abrindo possibilidades, e o meu novo estado foi me permitindo também fazer escolhas melhores na minha vida profissional. Tudo começou a mudar para melhor. A cada semana eu me sentia mais e mais realizada e feliz.

* * *

E o que tudo isso tem a ver com você? Bem, se você tem filhos; se você trabalha muito; se você usa o seu celular mais do que gostaria; se passa mais tempo nas redes sociais do que com as pessoas que você ama (ou se sente que preferiria passar mais tempo com elas); se você se sente exausto o tempo inteiro; se não sabe ao certo se está deprimido ou simplesmente sem vontade de fazer nada por pura fadiga; se você se sente desconectado espiritualmente; se tem inúmeros sonhos e planos, mas não tem energia para colocá-los em prática; se não consegue se concentrar por mais de cinco minutos em nada; se deixou a si mesmo de lado nos últimos anos para cuidar de um ou mais filhos, você também merece a oportunidade de dar um reset em sua vida, e quero oferecer a você ferramentas para isso.

Prometo compartilhar aqui insights valiosos e estratégias práticas que vão ajudá-lo a recuperar o controle, encontrar equilíbrio e alcançar uma vida extraordinária.

Mais do que merecer, você precisa de um reset. Mas você sabe disso?

Sim, eu sei que vou dizer o óbvio, mas nem sempre fazemos o que é óbvio (ou não estaríamos aqui tendo esta conversa): o primeiro passo para iniciar uma jornada de transformação pessoal é *reconhecer* a necessidade de dar um reset na vida. E reconhecer a necessidade de um reset não quer dizer apenas *ler* sobre resultados incríveis na minha vida ou na de outras pessoas e *desejar* que esses resultados também aconteçam na sua vida. Trata-se de um passo anterior a isso: refletir sobre o porquê de você estar desejando e, acima de tudo, precisando desses resultados.

Aprendi com a autora Mel Robbins que toda mudança depende do *porquê* e do *caminho*. Neste livro, pretendo lhe oferecer as estratégias e táticas para que você dê o reset na sua vida. Porém, se você não se conectar com o porquê do seu reset, é muito provável que você nem termine a leitura deste livro. Ou então talvez até comece a dar alguns passos em direção a um recomeço, mas não vai ter a resiliência e o embalo necessários para ir até o fim com seu plano.

O fato é que, provavelmente, já faz tanto tempo que você está preso em uma rotina exaustiva, se dedicando por inteiro aos outros — seja à família, ao trabalho ou às responsabilidades diárias — e deixando pouco tempo ou nenhum para si mesmo, que já deve ter começado a perceber que algo está fora de equilíbrio, que você está se perdendo no meio das obrigações e que sua felicidade e bem-estar, em algum momento, ficaram em segundo plano.

É preciso identificar tudo que aconteceu até aqui. Eu contei a história de como cheguei ao fundo do poço da minha saúde para que você possa refletir sobre a própria trajetória. Quais foram os acontecimentos e fatos, as escolhas e decisões que criaram a realidade que você está vivendo agora? Mais importante: por que você sente a necessidade de mudar esse cenário?

Quando reconhecemos essa necessidade, abrimos espaço interno para refletir sobre o que de fato importa para nós. Com esse espaço que se abre, surge também a oportunidade de reavaliar se estamos priorizando corretamente nossas metas, nossos sonhos e desejos pessoais. Essa é uma oportunidade de avaliar se estamos satisfeitos com a forma como estamos vivendo e se sentimos que esse modo de vida está de acordo com aquilo em que acreditamos, com nossos valores e propósitos.

Reconhecer que precisa de um reset também tem um caráter de aceitação. Sim, não basta desejar um recomeço sem entender que nem sempre podemos fazer tudo ou ser perfeitos, e que precisamos estabelecer limites saudáveis.

Eu nasci nos anos 1970, uma época em que era normal as mães, ao fim do dia, darem um calmantezinho para os filhos sossegarem, ou deixarem que eles viajassem soltos e embolados na caçamba do carro comendo um pastel recheado de açúcar. Era normal elas darem uma chinelada aqui e outra ali quando acreditassem que era pertinente, e por aí vai. Não estou julgando essas atitudes como positivas ou negativas, certas ou erradas, mas apenas pontuando algo que é indiscutível: o mundo mudou radicalmente de lá para cá.

Hoje, com infinitos modelos de perfeição e patrulhas do certo e do errado nas redes sociais, é comum sentirmos uma pressão constante para sermos perfeitos o tempo todo e em todas as áreas da vida: ser uma mãe ou um pai exemplar, um profissional de sucesso, um amigo presente, um filho solícito, entre tantos outros papéis que desempenhamos. Como assim você ainda não escreveu um livro? Não tem casa própria? Não começou o próprio negócio? Ainda não fez seu primeiro milhão? Quando vem o próximo filho?

Acontece que não somos super-humanos. Precisamos nos permitir falhar, descansar e cuidar de nós mesmos. Amei quando minha amiga querida, a escritora Ruth Manus, postou no Instagram uma foto do aniversário de um mês de seu primeiro filho, Joca. No centro da foto, estava o Joca deitado de bracinhos abertos para cima, rodeado de várias peças de roupas coloridas e um papel ofício com o número um escrito. A legenda era um pequeno manifesto que começava com "Joca faz um mês, e o tema do primeiro mesversário é ROUPA SUJA".

Ao reconhecermos a necessidade de nos permitir falhar (diante das exigências de perfeição de uma patrulha que nem sequer sabemos de quem é composta, e que nunca a escolhemos para que estivesse no poder!), estamos abrindo as portas para uma vida mais equilibrada e satisfatória. Estamos colocando nossa sanidade mental e emocional em primeiro lugar, entendendo que somente quando estamos bem conosco e em paz podemos verdadeiramente ser a melhor versão de nós mesmos para os outros.

Existe uma possibilidade de redefinir as prioridades, estabelecer limites e aprender a dizer "não" sempre que for preciso, para que possamos criar espaço para o autocuidado, para buscar nossos sonhos e desfrutar da vida de forma plena — entendendo que talvez isso não signifique viajar de jatinho ou fazer mesversários nababescos com bolos rebuscados para nossos filhos, e está tudo bem.

Acontece que, para além de difícil, reconhecer a necessidade de dar um reset é uma atitude que requer coragem. Significa admitir que nossa vida precisa ser transformada, e, para isso, é fundamental estar disposto a sair da zona de conforto para alcançar um maior equilíbrio e a felicidade. É preciso ter consciência de que, no instante em que tomarmos a decisão de sair da zona de conforto, nosso ego irá protestar fortemente, a voz da resistência dentro de nós começará a gritar e encontraremos muito mais obstáculos, mas tendo a tranquilidade de saber que o que estamos decidindo é apenas sair do fundo de um poço no qual não é possível ser feliz.

Reconhecer que precisamos de um reset é também um convite para nos reconectarmos com nossos desejos mais profundos, identificarmos o que realmente nos importa e criarmos uma vida que seja verdadeiramente significativa para nós, ainda que ninguém mais consiga ver sentido naquilo que faz nossa alma dançar.

Se você está sentindo no peito um peso muito maior do que consegue carregar, uma falta de propósito ou um vazio interior, é hora de reconhecer a necessidade de dar um reset na sua vida.

Este livro irá guiá-lo nessa jornada de autodescoberta e fornecerá ferramentas poderosas para você reorganizar sua vida e encontrar o equilíbrio e a felicidade que merece. Abrace essa oportunidade e dê o primeiro passo em direção a uma vida mais autêntica, plena e realizada.

O que é um reset?

Antes de ser escritora em tempo integral e de trabalhar com pessoas, eu passei 13 anos no mundo corporativo, atuando como advogada. Naquela época, era muito comum estar trabalhando em algum parecer ou contrato e, do nada, o computador travar (eu sou do tempo da tela azul que fazia PAM!). E todas as vezes, uma cena se repetia: eu ligava para o departamento de tecnologia, também conhecido como TI, e falava com um dos técnicos. Ele me perguntava o que estava acontecendo e, independente de qual fosse a minha resposta, a dele era sempre a mesma: "É melhor você dar um reset, reiniciar a máquina."

Em 2012, eu fiz uma transição radical de carreira e de vida. Abandonei uma forma de trabalho na qual eu não me encaixava — o mundo corporativo — e passei a me dedicar ao que mais amo: escrever e ajudar pessoas. Contei todo esse processo no meu livro *Escolha sua vida*. Porém, em 2023, quando senti que alguma coisa estava errada e vi que não tinha mais a energia que costumava ter para realizar milhões de projetos ousados todos os anos, eu soube que, ainda assim, não era o momento de "escolher a minha vida". Afinal, eu já tinha feito isso... eu já vivia a vida dos meus sonhos!

Os problemas que eu estava tendo já não tinham mais relação com ter uma carreira desencaixada da minha essência e do meu propósito de vida, e sim com questões de saúde (que eu viria a descobrir serem inevitáveis e decorrentes do climatério), além de hábitos e comportamentos nocivos, que tinham encontrado espaço na minha rotina por conta da falta de vitalidade e energia, causados pelas minhas mudanças hormonais até então desconhecidas.

Para resolver essas questões, eu não precisava abandonar mais uma vez minha carreira, jogar tudo para o alto, mudar de casa, doar minhas coisas, enfim, eu não precisava de uma transição radical. O que eu precisava era seguir o conselho do meu velho amigo técnico de TI: dar um reset, reiniciar a máquina. Eu precisava identificar os pensamentos, emoções, comportamentos e hábitos que vinham criando a minha realidade, para então mudá-los. Diferentemente de 2012, dessa vez, a mudança precisava ser sobretudo interna.

O reset é uma oportunidade emocionante e transformadora para reorganizar, reavaliar e redirecionar sua jornada pessoal e profissional. É uma chance que surge a partir de uma decisão que vem de dentro: abandonar velhos hábitos e começar mais uma vez, com um olhar renovado e uma estratégia de vida mais eficaz.

Tenho trabalhado há mais de 11 anos como mentora de milhares de negócios, e 100% dos negócios bem-sucedidos para os quais prestei consultoria até hoje tinham uma ótima estratégia. Qualquer empreendedor entende facilmente a necessidade de traçar uma estratégia eficaz para o seu negócio. Contudo, essas mesmas pessoas em geral não conseguem enxergar que a vida pessoal demanda o mesmo cuidado e que nossa felicidade diária também conta com ter uma ótima estratégia a seguir. Se grandes empresários que atingem os sucessos financeiro e profissional utilizando estratégias de negócios não conseguem enxergar isso, imagino que seja muito mais difícil para uma pessoa que nunca precisou desse tipo de planejamento na vida.

O fato é que tudo na vida funciona melhor quando temos uma estratégia e um plano, e o reset é uma estratégia para reiniciarmos e reorganizarmos a nossa vida pessoal e profissional.

Essa estratégia passa por uma limpeza interna, em que você se desfaz do peso do passado e se abre para novas possibilidades. Trata-se de uma abordagem prática e realista para reorganizar todos os aspectos da sua vida, desde a forma como você administra seu tempo até o modo como prioriza seus projetos e cuida de si mesmo. É uma oportunidade de criar um equilíbrio saudável entre suas responsabilidades pessoais e profissionais, enquanto se dedica ao autocuidado e à realização de seus objetivos.

No processo de dar um reset na sua vida, você terá a chance de se reconectar com seus sonhos, reavaliar suas metas, identificar suas prioridades e desenvolver uma estratégia objetiva para alcançá-las.

Tudo isso enquanto cuida da sua saúde física, mental e emocional como talvez nunca tenha feito antes.

Estamos falando de uma jornada de autodescoberta, na qual você revisita seus valores, paixões e talentos, e os alinha com suas escolhas e ações diárias. O objetivo é criar uma vida mais alinhada com quem você realmente é e com o que deseja alcançar.

Há uma rica linha de pesquisa em psicologia que explora essa relação entre nossa felicidade e o nível de congruência que existe entre o que acreditamos ser importante e a forma como conduzimos nossa vida. A teoria da autodeterminação, desenvolvida pelos professores de psicologia Edward L. Deci e Richard M. Ryan, é uma das mais influentes nesse campo. Essa teoria enfatiza a importância de três necessidades psicológicas fundamentais: autonomia, competência e pertencimento social. Quando elas são atendidas, as pessoas se tornam mais propensas a experimentar bem-estar psicológico e, consequentemente, a se sentir felizes. E uma das principais formas de satisfazer essas necessidades é viver de acordo com os próprios valores, princípios e interesses. Quando as pessoas agem em consonância com aquilo em que acreditam (a chamada "autonomia"), elas se sentem mais competentes e conectadas aos outros. Isso, por sua vez, pode aumentar a sensação de bem-estar e felicidade.

A teoria da autodeterminação também aponta que o comportamento intrinsecamente motivado — ou seja, quando as pessoas fazem as coisas porque de fato gostam de fazê-las, e não porque se sentem obrigadas a fazer — está mais associado ao bem-estar do que o comportamento extrinsecamente motivado — quando as pessoas fazem as coisas por algum tipo de recompensa externa, como dinheiro ou elogio.

O reset de vida é, portanto, o processo de olharmos para o nosso modo de viver e identificarmos de que maneira nossos pensamentos, emoções, comportamentos e hábitos estão incongruentes com o que acreditamos e com o que desejamos realizar, para, em seguida, reorganizarmos aquilo que for necessário.

O reset de vida envolve cuidar de si mesmo. Isso significa reservar tempo para o autocuidado, estabelecer limites saudáveis e praticar a gratidão diária. Significa, também, aprender técnicas de gerenciamento do estresse — como meditação ou exercícios de relaxamento — e incorporá-las à sua rotina. O autocuidado é fundamental para nutrir e manter saudáveis sua mente, seu corpo e espírito, permitindo que você tenha a energia e a clareza necessárias para estabelecer e alcançar metas.

O reset passa também pela análise de como você administra seu tempo: você pode aprender a estabelecer prioridades realistas, criar uma rotina produtiva e eficiente, e se libertar da armadilha da procrastinação. Imagine como seria se você pudesse desenvolver um sistema de organização que mantém suas tarefas e seus projetos sob controle, permitindo que você acompanhe suas metas e mantenha o foco. Não, isso não é um sonho; é possível e vamos realizar juntos, implementando as ferramentas do Poder do Reset na nossa vida.

Minha proposta neste livro é resumir para você de forma simples, leve e prática mais de 11 anos de treinamentos e estudos em alta performance e saúde, neurociência e comportamento humano, fornecendo estratégias, ferramentas e protocolos valiosos com o passo a passo para você reorganizar sua vida e inventar a própria trajetória de sucesso pessoal e profissional. Ao adotar essa abordagem prática e realista, você poderá romper com os padrões antigos que não estão mais lhe servindo e criar um caminho novo e promissor.

O poder do reset é uma oportunidade de transformar a falta de saúde em energia, a desorganização em ordem, a procrastinação em produtividade e a falta de equilíbrio em harmonia. Ao abraçar o reset de vida, você pode criar uma nova realidade, alinhada a seus valores e paixões.

Lembre-se de que o reset não é um evento isolado, mas sim um processo contínuo de crescimento e evolução. À medida que você avança nessa jornada, é importante ter paciência e compaixão consigo mesmo. Permita-se cometer erros e aprender com eles. Celebre cada pequena conquista ao longo do caminho, pois cada passo que você dá em direção ao seu recomeço é único e significativo.

Vamos explorar estratégias práticas e exercícios para ajudá-lo a aplicar o conceito de reset em sua vida cotidiana. Por isso, recomendo desde já que você separe um caderno especial para fazer os exercícios propostos no livro, e também para escrever sobre a sua vida. Por "especial" não quero dizer um caderno artesanal, feito à mão por senhorinhas viúvas do Nepal, apenas me refiro a um objeto que seja especial *para você*. Ou seja, separe esse espaço para si, e talvez você possa transformá-lo no seu primeiro espaço de autocuidado em muito tempo.

Então, caderno em mãos, vamos embarcar nessa jornada de reset juntos? Estou aqui para guiá-lo e apoiá-lo ao longo do caminho. Prepare-se para desbloquear seu verdadeiro potencial, reconstruir sua vida e criar uma versão mais alinhada e realizada de si mesmo. O poder do reset está em suas mãos, e estou animada para testemunhar sua transformação. Vamos começar!

O que a ciência diz sobre o "poder do reset" e por que ele é importante

É comprovado pela ciência que o ser humano tem a capacidade de se reinventar e de recomeçar em qualquer fase da vida. Estudos inovadores na área da neuroplasticidade demonstram que nosso cérebro é maleável e pode criar novas conexões neurais, permitindo-nos adquirir novos conhecimentos, habilidades e até mesmo mudanças nos comportamentos mais enraizados.

Nosso cérebro se transforma, por exemplo, quando estudamos e aprendemos algo novo. No estudo "Changes in Gray Matter Induced by Learning — Revisited[3] [Mudanças na matéria cinzenta induzidas por aprendizado, em tradução livre], os pesquisadores investigaram a neuroplasticidade do cérebro em relação ao aprendizado.

Eles recrutaram participantes e os submeteram a um programa de treinamento em malabarismo por três meses. Por meio de ressonância magnética, os pesquisadores descobriram que houve um aumento significativo na densidade de matéria cinzenta na região do cérebro responsável pelo processamento visuoespacial dos participantes que aprenderam malabarismo, em comparação com o grupo de controle. Isso demonstra que o cérebro pode criar novas conexões neurais em resposta ao aprendizado.

Mas não são apenas os novos aprendizados que têm a capacidade de mudar o nosso cérebro. Mudanças ambientais também geram adaptação e modificação de estrutura cerebral. No estudo "The

---

[3] DRIEMEYER, J.; BOYKE, J.; GASER, C.; BÜCHEL, C.; MAY, A. **Changes in Gray Matter Induced by Learning — Revisited**. PLOS ONE, v. 3, n. 7, p. e2669, 2008.

Plastic Human Brain Cortex[4] [O córtex cerebral humano plástico, em tradução livre], os pesquisadores examinaram a plasticidade do córtex cerebral humano em resposta a diferentes experiências e aprendizados. Eles descobriram que, mesmo na idade adulta, o córtex cerebral é capaz de se adaptar e transformar sua estrutura em resposta a mudanças ambientais, experiências sensoriais e aprendizado. Os pesquisadores também destacaram que essa plasticidade é proeminente sobretudo em áreas do cérebro envolvidas em habilidades cognitivas, como a linguagem e a memória.

Há ainda uma série de estímulos específicos que a ciência já comprova que são capazes de causar mudanças positivas no nosso cérebro, como é o caso da música. No estudo "Neuroplasticity: Changes in Grey Matter Induced by Training[5] [Neuroplasticidade: mudanças na matéria cinzenta induzida por treinamento, em tradução livre], foi analisada a plasticidade do cérebro relacionada ao treinamento em habilidades musicais.

Os pesquisadores realizaram ressonância magnética em músicos profissionais e em não músicos antes e depois de um período de treinamento de dois meses. Os resultados mostraram que os músicos profissionais tinham uma maior densidade de matéria cinzenta nas áreas cerebrais envolvidas no processamento musical em comparação com os não músicos. Além disso, o estudo revelou que o treinamento musical estava associado a alterações estruturais no cérebro, evidenciando a plasticidade cerebral em resposta ao treinamento especializado

---

4 PASCUAL-LEONE, A.; AMEDI, A.; FREGNI, F.; MERABET, L. B. **The Plastic Human Brain Cortex.** Annual Review of Neuroscience, v. 27, 2005.
5 DRAGANSKI, B.; GASER, C.; BUSCH, V.; SCHUIERER, G.; BOGDAHN, U.; MAY, A. **Neuroplasticity: Changes in Grey Matter Induced by Training.** Nature, v. 427, 2004.

O que tudo isso significa na minha vida e na sua? Esses estudos fornecem evidências científicas robustas de que o cérebro humano é maleável e capaz de criar novas conexões neurais e até mesmo mudar estruturalmente em resposta a experiências, aprendizado, treinamento e determinados estímulos. Isso significa que nós podemos adquirir novos conhecimentos, habilidades e até mesmo mudar nosso comportamento — lá se vai a ideia da síndrome de Gabriela, "eu nasci assim, eu cresci assim, eu sou mesmo assim, vou ser sempre assim".

Se você, assim como eu, já passou dos 40 e acha que esse papo de transformação até mesmo no nível cerebral não é para você, fique tranquilo. Pesquisas pioneiras em neurociência, como o estudo feito pelo neurocientista norte-americano Michael Merzenich,[6] mostraram que a neuroplasticidade é um fenômeno contínuo ao longo da vida. Nosso cérebro tem a capacidade de se remodelar em resposta a novas experiências e estímulos, o que significa que podemos reconfigurar nossa mente e nossos comportamentos, *independentemente da nossa idade*. Ou seja, nosso cérebro está preparado para um reset a qualquer momento da vida.

Há também pesquisas importantes que mostram a nossa capacidade de resiliência e adaptação após experiências traumáticas. Estudos sobre resiliência, conduzidos por pesquisadores como o professor de psicologia clínica na Universidade de Columbia, George Bonanno,[7] revelam que, após eventos traumáticos, muitas

---

6 MAHNCKE, H. W.; BRONSTONE, A.; MERZENICH, M. M. **Brain plasticity and functional losses in the aged: scientific bases for a novel intervention.** Keck Center for Integrative Neurosciences, University of California, San Francisco, CA; Posit Science Corporation, San Francisco, CA, v. 157, p. 81-109, 2006.
7 SOUTHWICK, S. M.; BONANNO, G. A.; MASTEN, A. S.; PANTER-BRICK, C.; YEHUDA, R. **Resilience definitions, theory, and challenges: interdisciplinary perspectives.** European Journal of Psychotraumatology, v. 5, n. 1, 2014.

pessoas São capazes de se recuperar e encontrar um novo propósito em suas vidas. Isso demonstra nossa capacidade inata de nos adaptar, crescer e recomeçar mesmo diante de adversidades, nosso poder de resiliência.[8]

A ciência também comprova a importância do apoio social em processos de transformação pessoal, como é o caso de um reset de vida. Pesquisas lideradas pela professora de psicologia e neurociência Julianne Holt-Lunstad[9] mostram que o apoio social desempenha um papel crucial na promoção da mudança pessoal. Ter um sistema de suporte emocional prático ao nosso redor pode fortalecer nossa determinação, oferecer recursos e incentivar o recomeço.

O reset propõe uma mudança no estilo de vida. Inúmeras pesquisas, como o estudo de George Mammen e Guy Faulkner, comprovam que mudanças positivas no estilo de vida, como a adoção de uma alimentação saudável, exercícios regulares e práticas de autocuidado, podem resultar em melhorias significativas na saúde mental e no bem-estar geral. Sim, isso mesmo: a ciência já comprova o impacto positivo das mudanças que fazemos na nossa alimentação e das atividades físicas na nossa saúde mental. Em um mundo que vive uma epidemia de depressão e transtornos da saúde mental, essas mudanças representam oportunidades de recomeço e podem nos impulsionar em direção a uma vida mais equilibrada e feliz.

A pandemia de Covid-19 teve um impacto significativo sobre a saúde mental de todos, mas as crianças e os adolescentes estão entre

---

8 Mostro muitos exemplos dessa resiliência e transformação em meu livro *Só cai quem voa*, da Buzz Editora.
9 HOLT-LUNSTAD, J.; SMITH, T. B. **Loneliness and social isolation as risk factors for CVD: implications for evidence-based patient care and scientific inquiry.** Heart, v. 102, p. 987-989, 2016.

os grupos mais vulneráveis. Dados do Centro de Controle e Prevenção de Doenças (CDC) nos Estados Unidos mostram um aumento alarmante de 31% das visitas ao pronto-socorro por emergências de saúde mental entre adolescentes de 12 a 17 anos em 2020, comparado com o ano anterior. Além disso, as taxas de suicídio entre jovens e crianças têm aumentado após a pandemia. O ponto aqui é apenas este: se nós, os responsáveis, passarmos pelo processo de reset e melhorarmos nosso bem-estar, isso não beneficiará apenas a nós mesmos, mas também afetará positivamente nossas crianças.

Quando estamos menos exaustos e ansiosos, podemos dar mais atenção e cuidado aos pequenos, o que, por si só, é um estímulo poderoso para o bem-estar emocional e mental, seu e do outro. Além disso, nunca subestime o poder do exemplo. Praticar o autocuidado, mais do que uma forma de dar atenção a si mesmo, é uma lição poderosa que estamos passando para a próxima geração. Como diz o ditado, "o exemplo arrasta". Se queremos crianças e adolescentes mentalmente saudáveis, o autocuidado não é um luxo, mas, sim, uma necessidade.

A ciência nos traz evidências de que um reset é uma possibilidade real em qualquer momento da vida. Seja qual for a sua idade, situação ou circunstância, está cientificamente comprovado que seu corpo e sua mente têm o potencial de se reinventar, criar mudanças significativas e abraçar um novo começo. Faça isso por você e por aqueles que você ama.

Capítulo 1
A importância do autocuidado

> *Cuidar de si mesmo não é um luxo,
> é uma estratégia de sobrevivência.*
>
> Audre Lorde

Você não está sozinho; estamos todos errando juntos!

Imagine uma cena familiar: uma mulher entre os 30 e 50 anos, com filhos, que está sempre correndo, se desdobrando entre as demandas do trabalho e da vida pessoal. Ela se dedica incansavelmente a cuidar dos outros, mas quase nunca encontra tempo para cuidar de si. Quem nunca?

A jornada da mulher é multifacetada e frequentemente marcada por uma tendência preocupante: colocar os cuidados e necessidades de outras pessoas em primeiro lugar, enquanto negligencia a si mesma.

Esse padrão, que nas mulheres se manifesta de forma bem diferente que nos homens, pode ser atribuído a uma variedade de fatores científicos, históricos, sociais, antropológicos, filosóficos e psicológicos que moldaram a experiência das mulheres ao longo dos séculos.

Cientificamente, há estudos que sugerem a existência de diferenças biológicas entre homens e mulheres que podem influenciar a tendência das mulheres de se colocar em segundo plano. Como, por exemplo, os estudos sobre a resposta ao estresse indicam que as mulheres tendem a proteger outras pessoas, o que pode ser resultado de fatores hormonais, como a oxitocina, conhecida como "o hormônio do amor". Além disso, diferenças nas áreas do cérebro que envolvem a empatia e a tomada de decisões também podem desempenhar um papel importante nesse comportamento.

Historicamente, as mulheres são associadas a papéis de cuidadoras e colocadas como responsáveis pelo bem-estar da família. Essa socialização relacionada ao gênero, perpetuada por normas culturais e expectativas sociais, influenciou a maneira como as mulheres desempenham seus papéis na vida daqueles ao seu redor, sobretudo em relação ao cuidado com o outro. As estruturas patriarcais e a divisão desigual de tarefas domésticas e responsabilidades familiares também podem contribuir para a tendência das mulheres a priorizar o cuidado de outras pessoas. Algumas o fazem porque foram treinadas a acreditar que "é o certo a se fazer", enquanto outras por simplesmente não conhecerem alternativas.

Nesse contexto antropológico, as mulheres sempre desempenharam um papel central de cuidadoras, tanto na criação dos filhos quanto no suporte ao grupo. Essas dinâmicas ancestrais também podem ter influenciado na socialização feminina, que ensina as mulheres a priorizar o cuidado com os outros em detrimento do autocuidado.

Ao longo da história, diversas correntes de pensamento enfatizaram o papel da figura feminina como cuidadora e a suposta importância do altruísmo e do sacrifício em sua vida. Essas ideias podem ter influenciado a forma como as mulheres foram socializadas e internalizaram a ideia de que cuidar dos outros é uma expressão virtuosa de feminilidade.

Essa idealização também encontrou expressão na literatura, na qual retratos de mulheres e heroínas personificam essas virtudes. Um exemplo notável está em um dos meus livros favoritos, o clássico *Jane Eyre*, de Charlotte Brontë. Jane Eyre é retratada como uma mulher corajosa e independente, que enfrenta adversidades e desafia as convenções sociais de sua época. Ela é uma cuidadora nata, assumindo a responsabilidade de cuidar de outras pessoas, como a tia Reed e o Sr. Rochester, mesmo quando isso significa sacrificar a própria felicidade. A protagonista personifica a dedicação altruísta e o cuidado com os outros, mesmo em face de dificuldades pessoais.

Outra obra literária que destaca o papel das mulheres como cuidadoras é *Madame Bovary*, de Gustave Flaubert. Emma Bovary é uma mulher insatisfeita com a vida e busca escapar da monotonia por meio de relacionamentos extraconjugais. Embora a forma que ela encontra para manifestar sua busca por felicidade seja questionável, Emma é retratada como uma mulher que anseia por amor e atenção, mas que também é responsável por cuidar de sua família. Ela demonstra uma inclinação a se sacrificar em prol do bem-estar alheio, porém essa característica é levada a extremos prejudiciais.

Mais um exemplo clássico na literatura é o romance *Anna Karenina*, de Liev Tolstói. Anna Karenina é uma mulher complexa, retratada como uma figura trágica. Ela luta para encontrar amor e satisfação em sua vida, mas também é uma mãe dedicada e uma mulher que preza pelo cuidado e o bem-estar de sua família. Anna enfrenta as consequências trágicas de suas ações, porém sua devoção àqueles que ama é um dos elementos centrais na caracterização da personagem.

Esses são apenas alguns dos muitos exemplos clássicos que retratam as mulheres como cuidadoras e enfatizam o altruísmo e o sacrifício como sendo o *modus operandi* "natural" do gênero feminino. Essas obras refletem as noções culturais e sociais predominantes de suas respectivas épocas, que atribuíam às mulheres a responsabilidade pelo cuidado e bem-estar dos outros. Embora tais representações possam ser complexas e variadas, elas também mostram as contradições e os desafios enfrentados pelas mulheres ao assumir essas responsabilidades.

As meninas crescem lendo essas referências. Tendo essas heroínas como exemplo. E estou mencionando clássicos aqui pois o alcance dessas representações é mais evidente, porém isso não quer dizer que personagens femininas altruístas e dedicadas ao bem-estar alheio ficaram num passado empoeirado nas bibliotecas. Na verdade, justamente por isso, elas perduraram e ganharam novas roupagens, e seguem sendo populares em livros, filmes e séries de streaming. E na vida real também, certo?

E, como se já não bastassem os fatores externos que contribuem para a "tendência" feminina a se anular em função do outro, no âmbito psicológico, diversos outros fatores também influenciam as mulheres a se colocar em segundo plano. Isso inclui a busca por aprovação social, o medo da rejeição, a internalização de expectativas irreais de perfeição (no amor, no casamento, na maternidade, na carreira etc.), a culpa incutida pelo presumido dever e pela responsabilidade de cuidar, além da baixa autoestima. É importante ressaltar, entretanto, que essas causas são complexas, interconectadas e variam de acordo com a cultura, o contexto histórico e a individualidade de cada mulher.

* * *

É evidente que a tendência para o autocuidado ou para se colocar em segundo plano pode diferir substancialmente entre homens e mulheres, sendo grande parte dessa diferença em decorrência das pressões sociais e culturais que cada gênero enfrenta. No entanto, isso não significa que os homens são imunes às armadilhas da negligência pessoal ou da sobrecarga de responsabilidades.

Em muitas culturas, por exemplo, eles são socializados em função de se tornarem os "provedores", aqueles que têm o dever de garantir o bem-estar econômico da família. Essa expectativa pode criar uma pressão tão intensa para a obtenção do sucesso profissional que o autocuidado e a saúde mental acabam sendo relegados a um segundo plano. A síndrome do "homem forte e silencioso" muitas vezes desencoraja os homens de expressar vulnerabilidade ou de buscar ajuda, seja em questões de saúde física ou mental. Essa relutância pode levar a uma variedade de problemas, incluindo estresse crônico, problemas de relacionamento e até mesmo problemas de saúde de longo prazo, como hipertensão e doenças cardíacas.

Outra diferença significativa diz respeito à forma como o autocuidado é culturalmente percebido em cada gênero. Para muitos homens, o autocuidado pode ser visto como um sinal de fraqueza ou como algo "feminino", e por isso é frequentemente evitado ou minimizado. Isso leva a um paradoxo em que o homem se esforça para manter uma imagem de força e independência, mesmo que à custa da própria saúde e de seu bem-estar.

No aspecto psicológico, homens também podem lutar contra questões de autoestima e contra a necessidade de aprovação social e as expectativas irreais, embora essas questões muitas vezes se manifestem de maneiras diferentes em comparação às mulheres. Por exemplo, em vez de se esforçarem para ser "perfeitos" em diferentes áreas da vida (carreira, aparência, parentalidade), os homens podem se sentir pressionados a serem excelentes, sobretudo, no âmbito profissional ou para serem vistos como física e emocionalmente fortes.

Entretanto, é crucial entender que essas são tendências generalizadas e não representam todos os homens ou todas as mulheres. A individualidade, as experiências de vida, a cultura e outros fatores desempenham um papel significativo na forma como cada pessoa aborda o autocuidado e as responsabilidades para com os outros.

Além disso, cada vez mais as sociedades estão reconhecendo a importância do autocuidado para todos, independentemente do gênero, e isso tem levado a uma mudança gradual nas atitudes e expectativas em relação ao que significa cuidar de si mesmo e dos outros.

Algumas teorias antropológicas argumentam que a sobrevivência das comunidades humanas originárias dependia da cooperação e do cuidado mútuo. Essas comunidades compreendiam a importância de cuidar uns dos outros para garantir a sobrevivência e a prosperidade do grupo como um todo. Um exemplo notável é o conceito de parentesco cooperativo encontrado em algumas comunidades indígenas, nas quais pessoas de distintas gerações vivem juntas e compartilham a responsabilidade de cuidar das crianças. Essa cooperação fortalece os laços sociais e garante que todas as necessidades básicas sejam atendidas.

Ao refletirmos sobre o modo de viver desses grupos, podemos encontrar correlações com a maneira ocidentalizada de viver em comunidade, que a maioria de nós adotou. Embora tenhamos reorganizado as sociedades para acompanhar os avanços tecnológicos, o cuidado mútuo continua sendo um aspecto vital de uma comunidade saudável. Prova disso é a existência das chamadas Blue Zones (ou

Zonas Azuis). As Blue Zones são determinadas regiões ao redor do mundo nas quais se agrupam populações com altos níveis de saúde e, portanto, mais longevas. Nessas áreas, encontramos as maiores concentrações de centenários vivendo bem, com qualidade.

Os pesquisadores identificaram algumas características e elementos em comum entre as Blue Zones que podem oferecer insights valiosos sobre a construção de uma coexistência saudável, o cuidado mútuo e o impacto positivo disso na longevidade humana. Uma dessas características é a ênfase nas relações sociais e no sentimento de comunidade. Nessas áreas, as pessoas tendem a valorizar a interação e o apoio entre vizinhos, amigos e familiares. Elas cultivam conexões sociais fortes e se envolvem em atividades comunitárias, o que contribui para florescer a sensação de pertencimento e suporte mútuo.

Todavia, diferentemente do que observamos no comportamento da maioria das mulheres e dos homens no mundo ocidental, que acabam negligenciando o autocuidado, a importância de cuidar de si mesmo é reforçada e evidente nas Blue Zones. As pessoas nessas regiões, tanto os homens quanto as mulheres, reservam tempo para relaxar e dormir adequadamente, fazendo, assim, um gerenciamento do estresse. Práticas como a busca por momentos de tranquilidade, meditação ou rituais de relaxamento fazem parte de suas rotinas diárias. Isso ajuda a equilibrar as demandas da vida e a cultivar uma mentalidade resiliente.

* * *

Minha proposta aqui é aplicarmos o poder do reset na sua vida. Mas sem você entender o emaranhado de raízes do problema, ou as razões fundamentais que o levaram a se negligenciar a ponto de sua situação se tornar insuportável, não teremos como conquistar uma mudança permanente.

Todos os protocolos de reset que vamos trabalhar neste livro — e que, juntos e combinados, serão responsáveis por uma mudança profunda na sua rotina e na sua maneira de viver — abordam padrões de autonegligência. O caminho a ser percorrido requer uma combinação de conscientização, mudança de perspectiva, empoderamento, suporte social e, se necessário, apoio de profissionais de saúde mental, como psicólogos ou terapeutas.

A conscientização é o primeiro passo para reconhecer padrões prejudiciais e entender a importância do autocuidado. Isso envolve questionar as normas sociais e culturais que colocam as mulheres em segundo plano e promover uma mudança de perspectiva.

E veja: não estou dizendo que uma mulher assumir o papel de cuidadora, quando sente que sempre teve essa capacidade de acolhimento, e um homem ficar à frente do papel de provedor em casa, sendo responsável pela segurança da família, não possam ter o seu lado maravilhoso. A maior questão aqui é o perigo do excesso, as consequências seríssimas de quando essas virtudes são levadas ao extremo, a ponto de você se esquecer de si mesmo por tanto tempo que isso acarrete efeitos graves para a sua saúde física, mental e emocional, e para a sua sensação geral de bem-estar e felicidade.

O empoderamento desempenha, portanto, um papel crucial nesse processo. E quando digo "empoderamento", não estou falando de se reafirmar a qualquer custo, e muito menos estou questionando se você deve ou não dividir a conta do restaurante no seu próximo encontro amoroso. Estou falando sobre gerar coragem para reconhecer seu valor intrínseco e defender suas necessidades. Isso é essencial para que você se priorize. Isso vai envolver a definição de limites saudáveis, a prática de dizer "não" quando necessário e a busca por oportunidades que promovam o seu crescimento pessoal.

O suporte social também vai desempenhar um papel vital na sua jornada. Criar ou encontrar redes de apoio, como grupos de apoio ou amizades solidárias, vai permitir que você compartilhe experiências, encontre suporte emocional e troque estratégias de autocuidado.[10] Ter pessoas ao seu redor que valorizam e incentivam o autocuidado pode fazer uma grande diferença na sua capacidade de se priorizar.

Em alguns casos, buscar ajuda de profissionais da saúde mental, como psicólogos ou terapeutas, é fundamental para perceber e superar os possíveis desafios psicológicos subjacentes, que podem impedir ou atrapalhar o autocuidado. Esses profissionais podem fornecer suporte especializado, ajudar a identificar padrões de comportamento prejudiciais e trabalhar na construção de estratégias eficazes e personalizadas para que você cuide de si. Na minha jornada experimentando o poder do reset, eu contei com a ajuda de mais de uma terapeuta e hipnoterapeuta, que me auxiliaram a encontrar uma série de bloqueios que estavam enterrados profundamente no meu subconsciente. Isso com certeza foi crucial para acelerar meus resultados.

Falar do padrão de as mulheres se colocarem em segundo plano ou de os homens encararem o autocuidado como algo "feminino" que não pode ser praticado por eles, com certeza é trabalhoso e requer uma abordagem holística e abrangente. Conscientização, mudança de perspectiva, empoderamento, suporte social e ajuda de profissionais de saúde mental podem e devem se combinar para nos

---

10 Quero convidar você para conhecer a nossa comunidade do poder do reset e para encontrar o apoio social de que precisa em www.opoderdoreset.com.br.

capacitar a priorizarmos nosso bem-estar e adotarmos práticas de autocuidado duradouras.

Eu acredito que, juntos, podemos desafiar as normas e os costumes prejudiciais e criar um futuro em que o autocuidado seja uma prioridade para todos, não importa o gênero ou a idade. Esse é o mundo que desejo para meus futuros netos (mas espero poder aproveitá-lo um pouquinho também!).

O autocuidado como um ato revolucionário

Agora é hora de darmos um mergulho mais profundo na importância do autocuidado e na reflexão sobre como ele pode ser um catalisador poderoso para dar um reset na sua vida pessoal e profissional. Vou compartilhar com você não apenas informações baseadas em pesquisas científicas, mas também minha experiência como uma empreendedora e escritora de 46 anos, além de vivências de alguns dos mais de cinquenta mil clientes que atendi nos últimos 11 anos. Vamos explorar perspectivas não óbvias sobre o autocuidado, abordando a importância de um novo ponto de vista sobre o assunto.

Conversamos um pouco sobre as origens do comportamento feminino de priorizar outras pessoas em detrimento de si mesma, e você viu que são muitas as causas. Também vimos que os homens tendem a se sentir pressionados a ser provedores e intimidados a não praticar o autocuidado, considerado por muitos uma atividade exclusivamente feminina.

Então, a primeira ideia que eu quero compartilhar sobre a importância do autocuidado é que ele pode ser um ato revolucionário.

(E não sei você, mas eu adoro uma revolução!) Cuidar de si mesmo também pode ser uma forma de resistência.

As mulheres vivem entre a virtude daquela que se sacrifica e coloca os outros em primeiro lugar e o desamparo do fundo do poço que surge como consequência desse comportamento a longo prazo. O autocuidado é o ato revolucionário que desafia esse paradigma, permitindo que a mulher reivindique o valor de seu tempo e de sua energia.

Vimos que os homens enfrentam as próprias formas de pressão social e cultural, embora estas se manifestem de maneiras diferentes quando comparadas com a experiência feminina, e, portanto, o autocuidado também pode ser um ato revolucionário para os homens. Ao rejeitar estereótipos de gênero e normas sociais que limitam a expressão emocional e o autocuidado, os homens podem não apenas melhorar sua qualidade de vida, mas também contribuir para uma mudança cultural mais ampla que valoriza o bem-estar humano acima de papéis de gênero tradicionais.

Em cada um dos protocolos do poder do reset, vamos explorar maneiras de incorporar o autocuidado em diferentes áreas da sua vida, sem que você precise virar a noviça rebelde de braços abertos do meme "F*da-se essa merda toda!". Afinal, suas responsabilidades diárias vão continuar existindo.

Você pode estar se perguntando: como o autocuidado pode ser considerado um ato revolucionário? A resposta está na quebra dos padrões e das expectativas impostas pela sociedade. Já vimos que, durante séculos, as mulheres foram ensinadas que sua principal função é cuidar dos outros em detrimento das próprias necessidades, e que homens foram ensinados a ser provedores e fortes, mas também aprenderam que não podem se cuidar, pois isso seria um sinal de fraqueza ou feminilidade. É essa maneira de pensar que a sociedade como um todo incute nos indivíduos, levando a um esgotamento físico e emocional que compromete nossa capacidade de sermos felizes em todas as áreas da nossa vida.

Ao abraçar o autocuidado como uma prioridade, você desafia o *status quo* e se recusa a ser uma pessoa que teve seu papel na vida previamente definido como cuidadora abnegada ou provedor infalível. É um ato de empoderamento que envolve dedicar tempo e energia para cuidar de si mesmo e dizer "eu importo".

Esse movimento revolucionário começa com uma mudança de mentalidade, quando você reconhece que seu bem-estar é fundamental e não pode ser inteiramente sacrificado em prol dos outros. É preciso encontrar o ponto de equilíbrio entre cuidar de si e cuidar de quem precisa do seu cuidado.

Ao buscarmos ativamente esse equilíbrio (você vai fazer isso quando implementar na sua vida os protocolos de reset deste livro), enviamos uma mensagem poderosa para nós mesmos e para o mundo: *Eu mereço amor, atenção e cuidado.* Isso não é um luxo, mas uma necessidade básica para sua sobrevivência, seu crescimento pessoal e felicidade. Ao investir em si mesmo, você está fortalecendo sua autonomia e cultivando uma autoimagem positiva, o que terá impacto em todas as áreas de sua vida.

Mas atenção: o autocuidado vai além de tratamentos de spa, velas aromáticas e momentos de relaxamento. Embora essas atividades tenham valor, o verdadeiro autocuidado requer uma abordagem holística, abrangendo cuidados físicos, emocionais, mentais e espirituais. Não existe uma fórmula pronta, trata-se de identificar e atender às suas necessidades específicas em cada uma dessas áreas, encontrando um equilíbrio que funcione para você.

Revolucionar o modo como você lida com o autocuidado significa desafiar crenças limitantes e se permitir priorizar a si mesmo. Isso pode envolver aprender a dizer "não" quando necessário, estabelecer limites saudáveis e buscar apoio quando precisar. Também significa abraçar a autocompaixão, tratando-se com gentileza e aceitando que você é humano, com limitações e imperfeições.

À medida que você se torna um líder da sua própria vida, passa a inspirar outras pessoas ao seu redor a fazerem o mesmo. Suas ações enviam um poderoso exemplo para seus filhos e filhas, cônjuge, colegas de trabalho e amigos, mostrando-lhes que cuidar de si mesmo é fundamental para uma vida equilibrada e plena. Você se torna um agente de transformação, desafiando as normas estabelecidas e criando um novo paradigma de cuidado pessoal.

Essas justificativas já seriam suficientemente instigantes para nos jogarmos de cabeça na jornada do autocuidado. Mas quero também lhe mostrar como essa prática está diretamente ligada à produtividade e ao sucesso. Vamos descobrir como fazer escolhas conscientes e priorizar nosso bem-estar, mesmo em meio às demandas do dia a dia.

Ao final deste livro, você estará equipado com as ferramentas e perspectivas necessárias para recomeçar sua vida pessoal e profissional de uma maneira verdadeiramente transformadora.

A conexão entre o autocuidado e a produtividade

Contrariando a crença comum de que cuidar de si mesmo é um ato egoísta que rouba tempo precioso, pesquisas científicas mostram que o autocuidado está diretamente ligado à produtividade e ao sucesso.

Você já se pegou em um ciclo interminável de trabalho, sentindo-se esgotado, sem energia e com dificuldade em se concentrar? Pois é, acontece que quando estamos sobrecarregados e não encontramos tempo para cuidar de nós mesmos, nosso desempenho e produtividade sofrem. Há uma conexão profunda entre o autocuidado e a produtividade, e entender essa relação pode ser um divisor de águas em sua vida pessoal e profissional.

Quando você se compromete com o autocuidado, está investindo em si mesmo de maneira holística. Ou seja, necessariamente inclui cuidar da sua saúde física: regular o sono, alimentar-se de forma saudável e se exercitar. Essas práticas fortalecem seu corpo e aumentam sua energia, resultando em maior vitalidade e resistência ao longo do dia. Um físico saudável aumenta a capacidade de concentração, de ser produtivo e tomar decisões de forma eficaz.

O autocuidado envolve também cuidar da própria saúde mental e emocional. Isso pode incluir atividades como meditação, terapia, momentos de lazer e hobbies que lhe tragam prazer. Ao se permitir executar essas práticas, você reduz o estresse, melhora seu estado de espírito e aumenta sua resiliência emocional, o que impacta diretamente na sua capacidade de se concentrar, ser criativo e se adaptar às demandas do trabalho e da vida pessoal.

Estudos científicos demonstram que períodos regulares de descanso e autocuidado também têm um efeito positivo em nossa capacidade cognitiva. Quando nos permitimos momentos de pausa e descanso, estamos dando ao nosso cérebro a chance de processar informações, consolidar memórias e recuperar sua capacidade de foco. O autocuidado não é um obstáculo para a produtividade, mas sim uma estratégia eficaz para aumentar o desempenho. Ele nos ajuda a evitar a exaustão e o esgotamento, que são inimigos da produtividade.

Quando estamos muito sobrecarregados e, consequentemente, negligenciamos nossas necessidades, os níveis de energia do nosso corpo diminuem, e nossa motivação desaparece. Ao priorizar o autocuidado, estamos, na verdade, reabastecendo nossas reservas internas, que nos permitem cultivar e manter um estado de espírito positivo e uma mentalidade mais focada e criativa.

Portanto, se você está lutando para ser produtivo e para realizar seus projetos, é essencial reconhecer a importância do autocuidado em sua vida. Nos protocolos de reset que vou compartilhar neste livro, você encontrará maneiras de incorporar práticas de autocuidado em sua rotina diária por meio de pequenas pausas ao longo do dia, estabelecendo limites saudáveis em relação ao trabalho ou reservando momentos especiais para se dedicar a si mesmo.

Você verá na prática que, ao cuidar de si, sua produtividade aumentará, sua clareza mental se expandirá e, então, você poderá alcançar resultados surpreendentes em todas as áreas da vida.

Priorizar o autocuidado faz bem para a saúde mental

Em um mundo cada vez mais agitado e exigente, a saúde mental se tornou uma preocupação central para muitas pessoas, uma vez que a sobrecarga e o estresse crônico podem levar a problemas como ansiedade e depressão.

A boa notícia é que o autocuidado desempenha um papel fundamental na melhoria da saúde mental e no fortalecimento da resiliência emocional, auxiliando no gerenciamento dessas questões. Vamos explorar, no Capítulo 3, como a incorporação de práticas de autocuidado em seu cotidiano pode fortalecer sua resiliência emocional, aumentar sua autoestima e ajudá-lo a enfrentar os desafios do dia a dia com mais equilíbrio e confiança.

Quando priorizamos o autocuidado, estamos essencialmente nos dando permissão para cuidar de nossas necessidades emocionais e psicológicas. Isso pode incluir práticas como terapia, meditação, exercícios de gratidão, momentos de lazer, conexão social e tempo sozinho. Ao incorporar esses hábitos em nossa rotina, estamos fornecendo a nós mesmos os recursos necessários para lidar com o estresse, a ansiedade e os desafios emocionais da vida, que não são poucos.

Além disso, o autocuidado nos ajuda a desenvolver uma maior autoestima e autoaceitação. Ao nos dedicarmos a atividades que nos trazem alegria e satisfação, estamos reforçando uma visão positiva de nós mesmos. Isso fortalece o nosso emocional, nos ajuda a enfrentar os obstáculos com mais confiança e nos torna mais resistentes aos pensamentos negativos e autocríticos, aquela vozinha que adora nos sabotar com a qual todos nós precisamos conviver diariamente.

Cuidar mais e melhor de nós mesmos também é fundamental para prevenir e gerenciar problemas de saúde mental, como ansiedade e depressão. Estudos mostram que práticas regulares de autocuidado, como exercícios físicos, sono adequado, alimentação saudável e atividades de relaxamento, estão associadas a uma redução nos níveis de estresse e ao aumento da felicidade e do bem-estar geral. Quando cuidamos de nós mesmos, estamos construindo uma base sólida de saúde mental e aumentando nossa capacidade de lidar com os desafios que a vida nos apresenta.

Um estudo analisou a relação entre práticas de autocuidado e bem-estar emocional a partir de considerações de profissionais da saúde mental.[11] Foi examinado como as práticas de autocuidado podem afetar a satisfação com a compaixão, o esgotamento profissional e o trauma secundário. Os resultados mostraram que práticas de autocuidado estavam ligadas a maiores níveis de satisfação com a compaixão e a menores níveis de esgotamento e trauma secundário.

Quando nos concentramos no autocuidado, estamos enviando uma mensagem poderosa para nós mesmos e para os outros: *Minha saúde mental é uma prioridade.* Estamos desafiando a cultura do trabalho excessivo, da supervalorização do "estar ocupado" e do autocuidado negligenciado, mostrando que merecemos tempo e espaço para nos nutrir emocionalmente.

Ao longo da sua jornada de reset, você vai aprender a identificar as práticas de autocuidado que funcionam para você. Isso pode incluir exercícios físicos, momentos de relaxamento, hobbies, tempo de qualidade com entes queridos ou qualquer atividade que lhe traga alegria e paz de espírito. Lembre-se de que o autocuidado não é egoísta, mas sim um fator essencial para o seu bem-estar e felicidade.

Ao fazer do autocuidado uma prioridade, você constrói uma base sólida para melhorar sua saúde mental, fortalecer sua resiliência emocional e alcançar um equilíbrio saudável em sua vida. Não subestime o poder transformador do autocuidado — ele tem o potencial de melhorar sua vida de maneiras que você nunca imaginou.

---

11 SALLOUM, A.; KONDRAT, D. C.; JOHNCO, C.; OLSON, K. R. **The role of self-care on compassion satisfaction, burnout and secondary trauma among child welfare workers.** Children and Youth Services Review, v. 49, p. 54-61, 2015.

O autocuidado como inspiração para seus projetos

Você é daquelas pessoas cheias de ideias incríveis, mas que vive engavetando seus projetos? Ou já se viu empacado em seus planos, lutando para encontrar motivação e inspiração? O autocuidado pode ser a chave para revigorar sua criatividade e impulsionar o progresso de suas metas.

Muitas vezes, a falta de tempo para si mesmo e a procrastinação podem impedir que seus projetos ganhem vida. E adivinha? O autocuidado pode ser um poderoso antídoto para esses obstáculos! A essa altura, você já deve estar achando que eu sou a maluca do autocuidado (e sou mesmo!), e que ele aparentemente resolve qualquer problema (e é provável que resolva mesmo!). Quando nos dedicamos ao autocuidado, estamos preenchendo nossos reservatórios de energia, inspiração e motivação.

Ao reservar tempo para cuidar de si mesmo, você está reabastecendo sua criatividade. Momentos de descanso e relaxamento permitem que sua mente se desconecte do modo "trabalho" e se abra para novas ideias e perspectivas. Você pode descobrir que um simples passeio ao ar livre, uma sessão de meditação ou até mesmo um banho relaxante podem desencadear um fluxo de pensamentos criativos e insights valiosos para seus projetos. Quem nunca teve uma ideia sensacional debaixo do chuveiro?

Além disso, o autocuidado ajuda a cultivar um estado de espírito positivo e uma mentalidade aberta a diferentes possibilidades. Quando você se trata com gentileza e se dedica a atividades que lhe trazem alegria, sua confiança e autoestima aumentam. Isso resulta em uma abordagem mais otimista em relação aos desafios que seus projetos possam apresentar. Ao se sentir bem consigo mesmo, você estará mais disposto a assumir riscos, a experimentar novas condutas e a enfrentar os obstáculos com determinação.

É uma ferramenta que também funciona como um lembrete poderoso e constante de quais são suas prioridades e seus valores. Quando você se dedica a cuidar de si mesmo, está demonstrando que suas necessidades e seu bem-estar são importantes. Isso ajuda a estabelecer limites saudáveis e a definir objetivamente o que é essencial em sua vida. Com uma maior clareza sobre suas prioridades, você poderá concentrar energia nos projetos que realmente importam e deixar de lado as distrações e tarefas irrelevantes.

Todo projeto relevante traz desafios, e o autocuidado proporciona o senso de equilíbrio e resiliência necessário para enfrentá-los em vez de empacar e acabar desistindo. Ao cuidar de sua saúde física e mental, você está fortalecendo suas habilidades de enfrentamento e sua capacidade de lidar com o estresse. Dessa forma, você poderá enfrentar prazos apertados, contratempos e exigências com mais tranquilidade e confiança.

Portanto, quando incorporar o autocuidado em sua rotina diária, você criará uma base sólida de inspiração contínua para o progresso consistente de seus projetos pessoais e profissionais. Talvez essa seja exatamente a peça que estava faltando para você parar de procrastinar, de empacar e de desistir dos seus sonhos.

O autocuidado não é apenas um luxo, mas uma ferramenta essencial para nutrir sua criatividade, manter sua motivação e alcançar resultados notáveis. Vamos aplicar os princípios do autocuidado em sua jornada de reset de vida, para que você possa desfrutar de um equilíbrio renovado e ver seus projetos finalmente saírem do papel.

* * *

Até aqui, você já deve ter entendido a importância do autocuidado para recomeçar sua vida pessoal e profissional. Agora vamos explorar cada um dos protocolos específicos que lhe darão o passo a passo para o reset em cada área da sua vida.

Capítulo 2
O reset da saúde física

*A saúde não é tudo, mas
sem ela tudo o mais é nada.*

Sócrates

A maioria das pessoas não faz a menor ideia de que seu corpo foi feito para se sentir muito bem. Até 2011, eu definitivamente fazia parte dessa maioria. Advogada, trabalhando no centro da cidade, sem tempo para me exercitar e, sendo bem honesta, sem a menor vontade também, eu seguia uma péssima rotina alimentar e de completo sedentarismo, a qual era composta por refeições rápidas (e em geral gordurosas) feitas em restaurantes que ficavam no entorno da empresa em que eu trabalhava e sem praticar nenhum exercício.

Como herdei da minha família uma predisposição à magreza, meu sedentarismo não dava sinais externos, o que era ainda mais perigoso, porque eu pensava que não havia problema algum. Anos depois, quando estudei no Institute of Integrative Nutrition de Nova York, entendi que casos como o meu eram mais comuns do que eu imaginava: por fora eu aparentava estar bem, mas meus exames, logicamente, mostravam indicadores de uma pessoa desregrada com a saúde — níveis altos de colesterol e triglicerídeos, entre outros marcadores problemáticos.

Isso não era boa notícia para mim. Afinal, eu herdei da minha família não só a predisposição à magreza, mas também aos problemas de coração. Aparentemente, toda a minha família morria de infartos ou acidentes vasculares cerebrais (AVCs). Meu avô, por exemplo, tinha feito uma safena e chegou a colocar um marcapasso pouco antes de falecer. Com esse histórico familiar, meus marcadores se tornavam sinais ainda mais problemáticos. Eles indicavam a grande probabilidade de eu ter um piripaque a qualquer momento.

Na época, comentei dos exames com uma colega de trabalho, e ela teve uma ideia: me incentivar a fazer atividade física. A ideia, apesar de ótima, foi executada de forma um tanto desastrada. No final de semana seguinte, aconteceria uma corrida de rua de cinco quilômetros, e a empresa em que eu trabalhava era uma das patrocinadoras. Eis que minha amiga achou que seria uma boa eu começar a movimentar meu corpo exatamente naquela corrida. E, pior, eu concordei e fui.

Chegando lá, havia uma barraca da empresa, onde todos os funcionários estavam reunidos alegremente, tomando café da manhã e batendo papo. Eu achei melhor não comer muita coisa, pois a corrida estava prestes a começar, e eu nunca tinha corrido na vida. Aproveitei o clima descontraído do café para avisar a meus colegas de trabalho que eles não precisavam esperar por mim, já que era muito provável que eu fizesse boa parte do trajeto caminhando em vez de correndo. Mas eles olhavam para mim, "em forma", e pareciam descrentes da minha incapacidade física. "Que nada!", diziam, na certeza de que eu surpreenderia todo mundo, sendo uma espécie de Usain Bolt que ainda não tinha sido descoberto.

O circuito começou, e saí correndo atrás da galera. Em poucos minutos, eu já sentia minhas canelas queimando e reduzi a marcha para um trote. "Vão no ritmo de vocês, gente, que eu vou devagarzinho", gritei para os colegas, que já estavam se distanciando. Eles acenaram e seguiram correndo, enquanto eu reduzia cada vez mais a marcha.

Trotei por cerca de cinco minutos e senti algo estranho, um mix de fraqueza e náusea. Fui até a sarjeta e, quando mal me aproximei dela, já senti o calor do meu modesto café da manhã retornando para a mãe natureza, na graminha do aterro do Flamengo. Em outras circunstâncias eu estaria preocupada com as milhares de pessoas em volta e com suas opiniões sobre aquela cena grotesca, porém esse foi um daqueles momentos da vida em que temos a sensação de que já perdemos tudo mesmo, então nada mais importa.

Sentei na sarjeta. Respirei fundo, tomei um pouco de água. Cara, como eu tinha deixado meu corpo chegar àquele estado? Eu tinha só 33 anos, cacete! Não era para eu estar vomitando no meio de uma corrida de rua. Eu não fumava, não bebia muito, não ia para baladas. Por que aquilo tinha acontecido comigo? Ah, lembrei: eu não fumava, não bebia, não ia para baladas, mas também não fazia nenhuma atividade física há tempos. Pelo visto, não fazer as coisas erradas não me eximia de ter que fazer as coisas certas.

Resolvi que ia continuar na corrida, que na verdade, para mim, teria que ser uma caminhada de cinco quilômetros. Afinal de contas, a essa altura tinha ficado nítida a minha incapacidade de correr. Ao meu lado, quanto mais o tempo passava, restavam apenas pessoas que também estavam caminhando.

Vale dizer que, mesmo uma caminhada, cinco quilômetros a pé é um percurso bastante extenuante para uma pessoa que está cem por cento parada faz tempo. Mas, pouco a pouco, eu fui avançando. Até que, uma hora depois, avistei a linha de chegada ao longe. Eu havia sobrevivido, e, mesmo tendo feito todo o percurso caminhando com a galera da terceira idade, o gostinho era de vitória. Em determinado momento, do meu lado direito, fui ultrapassada por um jovem corredor... portador de necessidades especiais. Só consegui pensar que aquele menino provavelmente tinha mais limitações físicas que eu e ainda assim ele estava correndo e parecia se sentir muito bem. Resolvi que eu tinha forças para dar uma segunda chance para a corrida. Na verdade, saí correndo feito doida. Afinal, faltava pouco!

De fato cruzei a linha de chegada rápido — e até antes do meu colega —, porém precisei me apoiar em uma árvore logo em seguida, pois já estava tonta. Olhei rápido em volta para ver se tinha alguém da empresa por perto, e quando constatei que, graças a Deus, não tinha, vomitei mais uma vez.

Totalmente derrotada por dentro, caminhei até o quiosque da empresa, pois, claro, ainda precisava "fazer o social". Me ofereceram frutas e sucos, mas nada passava no meu estômago revirado. Fiz uma massagem com uma das profissionais disponíveis, pois isso me daria mais alguns minutos antes de ter que conversar com qualquer um.

Quando terminei, contei minha saga à colega que tinha me convidado para a corrida. Ela riu da minha cara e falou: "É, amiga, você precisa mesmo cuidar melhor da sua saúde."

Realmente, eu vivia correndo em todas as direções, sempre ocupada com o trabalho, com meu filho e com a vida social; mal conseguia terminar uma frase sem ser interrompida por uma ligação ou mensagem de texto no celular da empresa. Lógico que eu não tinha tempo para me exercitar. Que absurdo! Eu era o epítome da mulher moderna, tentando equilibrar a vida profissional com a vida pessoal, e minha saúde estava pagando o preço.

    Naquele dia, tomei a decisão de que aprenderia a correr. Comecei a acordar uma hora mais cedo e ir até a pista Cláudio Coutinho, na Praia Vermelha, para caminhar. E, quem sabe, com muita sorte, conseguir dar um trotezinho. Depois da minha experiência traumática na corrida de rua da empresa, meu compromisso comigo mesma era muito mais simples do que conseguir correr cinco quilômetros (meu Deus, onde eu estava com a cabeça?!). Eu apenas precisava *comparecer* todos os dias. Mesmo que só conseguisse caminhar. Mesmo até se eu chegasse na pista e, de tanto ódio da minha incapacidade, resolvesse voltar para casa. Eu precisava levantar da cama, colocar a roupa de corrida, os tênis e ir até a pista. Eu precisava aprender a vencer a voz da resistência dentro da minha cabeça.

    Depois de alguns dias indo regularmente, comecei a arriscar poucos segundos de trote depois de aquecer o corpo caminhando, sempre alternando com longos intervalos de caminhada, claro. Eu fazia tudo isso ouvindo músicas bem animadas nos meus fones de ouvido. Secretamente, eu tinha um objetivo: conseguir correr uma música inteira.

    Demorou algumas semanas, mas nunca esqueço a primeira música que consegui correr inteira: era uma música da banda Backstreet Boys. Não me julgue, eu precisava botar algo bem animado!

    Dali em diante, com a minha consistência e disciplina, lentamente evoluí de uma música inteira para o sonho dos cinco quilômetros, em outra corrida de rua promovida pela empresa. Dessa vez, alternei caminhada e corrida durante o percurso, e ainda consegui segurar o café da manhã no estômago.

Eu estava visivelmente mudando. A corrida acarretou outras transformações: melhorei minha alimentação, comecei a fazer musculação e dormia mais cedo para conseguir correr cedinho, quando a lua ainda estava no céu (afinal, era o que dava para fazer, equilibrando a vida de advogada, mãe, e agora atleta amadora).

A partir daí, foram muitas corridas de rua de cinco quilômetros e até mesmo algumas de dez, até que, um belo dia, fui demitida da empresa onde trabalhava, e tomei a decisão de aproveitar o embalo para abandonar minha carreira de advogada e me dedicar primariamente a escrever meus livros.[12]

Não tenho dúvidas de que todas as mudanças que fiz na minha saúde por ter começado a correr em 2011 foram essenciais para eu ter conseguido dar tamanha virada na minha vida profissional e pessoal sem surtar. Minha saúde estava maravilhosa, tanto a física quanto a mental, e isso me proporcionou um recomeço incrível.

* * *

De acordo com o Instituto Brasileiro de Geografia e Estatística (IBGE), em pesquisa realizada em 2021, 16,2% dos brasileiros de 30 a 59 anos relataram ter a saúde prejudicada pelo estresse e pelo cansaço físico e mental. A correria do dia a dia e a busca incessante por um suposto sucesso, que muitas vezes não corresponde ao que desejamos no fundo da nossa alma, nos deixa alienados do próprio corpo, e essa é uma realidade que não podemos ignorar se queremos dar um reset na nossa vida.

---

12 Conto essa história em detalhes no meu livro *Escolha sua vida*.

A saúde foi só o primeiro passo da minha transição de carreira em 2012, e mais uma vez foi o carro-chefe do meu reset de vida em 2023.

A promessa deste capítulo é simples, mas poderosa: vou guiá-lo na redefinição de sua saúde física, trazendo novas perspectivas e estratégias que fogem do óbvio e que são de rápida implementação. De antemão, vale dizer que não sou da área de saúde e que tenho apenas uma formação como treinadora de saúde e nutrição integrativa, necessária para melhor orientar meus clientes atletas olímpicos e de ponta, bem como os artistas e empresários de alto desempenho que atendo.

Para preparar os protocolos deste livro, entrevistei e consultei profissionais da área de saúde, como médicos e nutricionistas que me apoiam no processo de reset que faço com clientes. Você também pode consultar seu clínico geral e nutricionista para ter um melhor acompanhamento do seu progresso. A ideia de cada protocolo é ajudá-lo a se reconectar consigo mesmo e com suas necessidades físicas, para que possa encontrar mais equilíbrio em sua vida.

Agora, lembre-se: o objetivo aqui não é ser perfeito, afinal, já vimos o quanto esse tipo de objetivo destrói a nossa felicidade. Sua meta é tomar consciência de suas necessidades e aprender a cuidar melhor de si mesmo. Não há um único caminho certo para isso, e o que funciona para uma pessoa pode não funcionar para outra. O importante é encontrar uma rotina que funcione para você e que colabore para o seu bem-estar. Se às vezes você escorregar, lembre-se de que sempre é possível começar de novo.

Vamos em frente, rumo ao reset da sua saúde física!

A ciência do descanso: como criar uma rotina de sono mais saudável e que se adapte à sua vida agitada

Se existe uma coisa universalmente subestimada, essa coisa é o sono. Sim, estamos falando daquele ato que nos faz parecer inúteis por cerca de um terço do nosso dia. Com a vida agitada e as demandas que nunca cessam, o sono em geral é o primeiro que sacrificamos. Mas a ciência nos conta uma história diferente sobre o descanso: trata-se de uma necessidade básica, não de um supérfluo.

O sono não é apenas aquele momento gostoso em que você se aconchega em seus cobertores e se desliga do mundo. Ele é muito mais do que isso! É como um superpoder secreto que todos nós temos, mas que poucos entendem de verdade ou tiram o máximo de proveito. É o momento em que nosso corpo trabalha para se regenerar e se restaurar, realizando funções essenciais, como a consolidação da memória, a regulação hormonal e o fortalecimento do sistema imunológico.

A Universidade de Harvard, conhecida por sua excelência em pesquisa, explica que durante o sono nosso corpo trabalha como uma equipe de limpeza noturna, arrumando a bagunça que deixamos durante o dia.[13] Imagine isto: é como ter uma equipe de profissionais dedicada à limpeza e à organização das suas lembranças! Isso é conhecido como "consolidação da memória", processo pelo qual as nossas memórias se solidificam e se integram a nosso conhecimento geral e experiências de vida. Assim, acordamos prontos para aprender e

---

13 Disponível em: https://www.health.harvard.edu/blog/sleep-to-solve-a-problem-202105242463.

absorver novas informações. Incrível, não é? Quem diria que dormir nos deixa mais inteligentes!

Ah, sim! Isso também significa que não dormir nos deixa... mais burros. E não para por aí... Uma série de estudos mostra que a privação do sono está associada a uma variedade de problemas de saúde, incluindo doenças cardíacas, diabetes tipo 2, obesidade e depressão.[14]

Lembra quando a sua mãe falava a famosa frase "durma para crescer"? Ela não estava tão errada assim! Durante o sono, nosso corpo produz uma série de hormônios importantes, incluindo o hormônio do crescimento. Isso significa que enquanto você está sonhando com aquele ator ou aquela atriz bonitões ou com aquele delicioso sorvete de chocolate, seu corpo está trabalhando duro para te deixar mais forte e saudável.

Ah, e aqui vai um fato realmente impressionante: de acordo com o Instituto Nacional de Saúde dos Estados Unidos, o sono também desempenha um papel crucial na manutenção de nosso sistema imunológico. É isso mesmo! Dormir bem ajuda a manter você longe daqueles resfriados e gripes desagradáveis. E quem quer passar dias na cama espirrando e assoando o nariz, quando podemos estar na cama sonhando com o Bradley Cooper ou com a Angelina Jolie?

Parece que o ditado estava certo: dormir de fato é o melhor remédio. O sono é uma ferramenta poderosa para a nossa saúde, que contribui

---

14 HANSON, J. A.; HUECKER, M. R. **Sleep deprivation**. 2019.
McEWEN, B. S. **Sleep deprivation as a neurobiologic and physiologic stressor: allostasis and allostatic load.** Metabolism, v. 55, p. S20-S23, 2006.
SPIEGEL, K.; KNUTSON, K.; LEPROULT, R.; TASALI, E.; VAN CAUTER, E. **Sleep loss: a novel risk factor for insulin resistance and Type 2 diabetes.** Journal of Applied Physiology, v. 99, n. 5, p. 2008-2019, 2005.
REEVES, G. M.; POSTOLACHE, T. T.; SNITKER, S. **Childhood obesity and depression: connection between these growing problems in growing children.** International Journal of Child Health and Human Development: IJCHD, v. 1, n. 2, p. 103, 2008.

para o nosso bem-estar e com certeza merece atenção e cuidado. Então, da próxima vez que você pensar em trocar aquela horinha a mais de sono por mais um episódio da sua série favorita, lembre-se: seu corpo merece e precisa desse descanso. Respeite seu sono, e ele com certeza vai te recompensar!

Agora, talvez você pense: "Ótimo, mais uma coisa para me preocupar... Como eu vou encaixar oito horas de sono na minha rotina que já é sobrecarregada?" Respire fundo. Vamos falar sobre qualidade, não apenas sobre quantidade. O sono de qualidade é tão importante quanto a quantidade de horas dormidas.

E aqui está um segredo: não é apenas sobre o momento em que você coloca a cabeça no travesseiro e fecha os olhos. A preparação para ter uma boa noite de sono começa muito antes do momento em que você dorme. Eu chamo isso de "ritual de descompressão" — uma rotina noturna para acalmar sua mente e preparar seu corpo para o descanso.

A primeira coisa importante no seu ritual de descompressão é limitar a exposição à luz azul (sim, aquela do seu smartphone, notebook, tablet etc.) nas horas que antecedem o sono.

É necessário admitir que, apesar de estarmos adorando essa era digital, há um pequeno vilão escondido no brilho das nossas telas. A luz azul é uma parte do espectro de luz que emite uma alta quantidade de energia. E onde a encontramos? Justamente nos nossos amados dispositivos eletrônicos, ela está até mesmo nas lâmpadas de LED, que viraram uma febre nos últimos anos.

Acontece que a luz azul impacta o nosso relógio biológico, também conhecido como ritmo circadiano. Esse relógio adora seguir o tempo do sol, acordando com a luz do dia e começando a se preparar para o sono conforme o dia vai escurecendo e a noite chega. No entanto, quando passamos o dia todo (e também a noite) expostos à luz azul, nosso relógio biológico se confunde.

O ciclo circadiano é como um maestro invisível que rege a grande sinfonia dos processos biológicos do nosso corpo. E, vamos combinar, é um maestro que sabe muito bem o que está fazendo! Este ciclo de 24 horas regula muitos dos nossos processos físicos e mentais, incluindo o sono, a alimentação, a temperatura corporal e até a produção de hormônios.

Você já se perguntou por que sente sono sempre na mesma hora ou por que tem mais energia em certos momentos do dia? Isso é o seu ciclo circadiano em ação. O cérebro usa pistas do ambiente, como a luz do dia e a escuridão da noite, para ajustar esse ritmo interno e manter o nosso corpo funcionando no horário certo.

De acordo com a Divisão de Distúrbios do Sono da Harvard Medical School,[15] ter um ciclo circadiano bem regulado é essencial para o nosso bem-estar. Um ritmo circadiano irregular pode levar a problemas de saúde que vão desde a insônia até doenças cardiovasculares e diabetes.

Por isso é tão importante prestar atenção ao nosso relógio biológico. E isso inclui manter um horário regular de sono e alimentação, além de limitar a exposição à luz azul durante o período da noite. Afinal, é fundamental manter nosso maestro interior feliz para que a sinfonia da vida continue tocando da melhor maneira possível!

E o que isso tem a ver com o sono e com a tal da luz azul? Tudo! Segundo a Harvard Medical School, a luz azul suprime a produção

---

15 Harvard Medical School. **Circadian Rhythms and the Brain.** Disponível em: https://hms.harvard.edu/news-events/publications-archive/brain/circadian-rhythms-brain.

de melatonina, o hormônio que nos ajuda a adormecer.[16] Quer dizer, ficar olhando para o seu celular ou tablet antes de dormir pode fazer com que seu cérebro pense que ainda é dia, o que fará com que ele adie a produção de melatonina. O resultado é uma noite de sono comprometida e aquela sensação de cansaço ao acordar.

Então, se você quer dar uma forcinha para a sua melatonina e garantir um sono de qualidade, é preciso limitar a exposição à luz azul durante a noite. O ideal é que você desligue todos os aparelhos que emitem esse tipo de luz pelo menos uma hora antes de ir dormir (como você vai ver, no nosso protocolo eu sugiro um período até maior). Seu corpo e sua mente vão agradecer.

Além disso, você deve desenvolver uma rotina de relaxamento, como tomar um banho quente (se tiver banheira, melhor ainda!), meditar e criar um ambiente de sono que seja escuro, fresco e tranquilo. Se seu quarto não fica escuro o suficiente, compre uma daquelas máscaras de dormir. Você pode encontrá-las em farmácias ou em lojas virtuais que comercializem produtos diversos. Eu mesma acabei de comprar uma máscara que tem até fones bluetooth (por menos de 50 reais!).

Está se sentindo sobrecarregado com tantas mudanças? Lembre-se: no reset de vida estamos sempre buscando o progresso, não a perfeição. Se precisar, experimente uma mudança de cada vez. Talvez você possa começar indo para a cama 15 minutos mais cedo, ou tentando um ritual de relaxamento, ou desligando os aparelhos eletrônicos pelo menos uma hora antes de dormir. Cada pequeno passo conta.

Ter em vista que o sono não é um inimigo a ser vencido, mas sim um aliado valioso no seu reset de vida, já é um grande passo

---

16 HOLZMAN, D. C. What's in a color? The unique human health effects of blue light. 2010.

na direção certa. Não se trata de perder horas produtivas, mas de investir seu tempo em um descanso de qualidade que lhe deixará mais preparado e energizado para encarar os desafios diários. Então, procure mudar sua visão sobre o sono e dedique a ele a atenção merecida para dar um reset na sua saúde.

> **Protocolo de sono**
>
> ### Estabeleça uma rotina de sono
> Estabelecer uma rotina de sono consistente ajuda o seu corpo a regular o relógio biológico, facilitando os atos de adormecer e de acordar. Busque deitar-se e levantar-se no mesmo horário todos os dias, inclusive aos finais de semana. Se necessário, ajuste sua rotina gradualmente, alterando os horários em 15 minutos a cada dia até atingir o resultado desejado.
>
> O protocolo sugere que você durma às 21h30 e acorde às 5 horas. Você entenderá a motivação para a escolha desses horários nos próximos capítulos.
>
> ### Crie seu ritual de descompressão ou de desligamento noturno
> Faça atividades relaxantes antes de dormir. Isso pode ser tão simples quanto tomar um banho quente, ler um livro, escrever no seu diário, meditar, ouvir música ou fazer alguns alongamentos leves. O objetivo é sinalizar para o seu corpo que é hora de desacelerar e se preparar para o sono. Fuja de noticiários, filmes violentos ou qualquer atividade muito agitada nesse período. Mantenha-se longe das telas de eletrônicos pelo menos uma hora antes de ir para a cama, pois a luz azul que elas emitem pode interferir na produção de melatonina, o hormônio que regula o sono.

> ### Transforme o seu ambiente de sono
>
> Faça do seu quarto um santuário do sono: prefira um ambiente escuro (considere usar cortinas blackout ou uma máscara de dormir), silencioso (um aparelho de som com ruído branco pode ajudar a abafar barulhos externos) e fresco (a temperatura ideal para o sono está entre 18 e 22 graus Celsius, de acordo com a National Sleep Foundation). Certifique-se também de que seus travesseiros e colchão são confortáveis e apoiam a sua postura durante o sono.
>
> ***
>
> Lembre-se: cada pessoa é única, e o que funciona para uma pode não funcionar para outra. Portanto, experimente e veja o que se encaixa melhor na sua rotina. É um processo de teste e ajuste, então seja paciente e gentil consigo mesmo. O importante é estar disposto a mudar.

O poder da alimentação consciente: como a comida afeta seu corpo e seu humor, podendo melhorar ou piorar seu bem-estar

Se pensarmos bem, a comida é uma das formas mais diretas e poderosas que temos de interagir com nosso corpo. Ela é a nossa principal fonte de energia, fornece os nutrientes de que precisamos para funcionar e, portanto, influencia no humor e na saúde mental. O velho ditado "Você é o que você come" não existe à toa. Mas quantas vezes realmente paramos para considerar a veracidade dessa afirmação e os perigos de estarmos nos tornando um grande pacote de Doritos?

A alimentação consciente, ou *mindful eating*, é um conceito que nos incentiva a estar plenamente atentos ao que estamos comendo, a entender por que estamos consumindo determinado alimento e como isso nos faz sentir. Trata-se de uma prática que nos leva a criar uma relação mais saudável com a comida e que nos estimula a honrar nossas fomes física e emocional sem sentir culpa ou vergonha.

Comer de forma mais consciente pode nos ajudar a compreender melhor o impacto dos alimentos em nosso corpo e em nosso bem-estar. Por exemplo, uma dieta rica em frutas, vegetais, grãos integrais e peixes está associada a um menor risco de depressão. Além disso, a ingestão regular de alimentos processados, açúcares refinados e álcool pode causar inflamação e alterações no microbioma intestinal, afetando negativamente o humor e a energia.

Portanto, o poder da alimentação consciente está em nos ajudar a fazer escolhas mais inteligentes sobre o que comemos e por quê. A questão não diz respeito a dietas restritivas ou contagem de calorias, mas a saber interpretar o que nosso corpo precisa e responder de uma maneira que nos faça sentir bem.

Agora, vamos ser honestos. Mudar hábitos alimentares pode ser bastante desafiador. Afinal, a verdade é que muitas vezes usamos a comida como uma forma de alívio do estresse, recompensa ou mesmo uma distração. (Lanchinho da tarde apenas para procrastinar o trabalho que está chato ou muito difícil, quem nunca?) Mas tenha sempre em mente que este é um processo de aprendizado e crescimento. Comemore cada pequeno passo e não se preocupe em fazer tudo com perfeição.

Da próxima vez que for se alimentar, reserve um momento para realmente prestar atenção. Como você se sente antes, durante e depois de comer? Quais alimentos te deixam energizado e quais te deixam letárgico? Olhe para a comida na sua frente e se pergunte: este alimento vai melhorar ou piorar a minha performance?

A alimentação consciente não é apenas sobre o que colocamos na boca, mas sobre toda a experiência de se alimentar. E essa consciência pode ser uma poderosa aliada na sua jornada para o reset da sua saúde física.

* * *

Agora que já falamos sobre *como* comer, vamos falar um pouco sobre *o que* comer... Ah, essa relação amorosa e, às vezes, um pouco conturbada que temos com o que colocamos no prato! Se você já se sentiu confuso com a infinidade de dietas e conselhos alimentares por aí, você não está sozinho.

É difícil dar um número exato de quantas dietas existem no mundo, pois há inúmeras abordagens para a alimentação e a nutrição, cada uma adaptada a diferentes necessidades, culturas, filosofias de vida, condições de saúde e objetivos. Além disso, novas dietas e abordagens nutricionais estão sendo criadas e modificadas constantemente.

Algumas das mais conhecidas são a dieta mediterrânea, a vegetariana, vegana, paleo, cetogênica, low carb, DASH (para hipertensão), a de baixo índice glicêmico, a sem glúten, sem lactose, flexível (ou If It Fits Your Macros), de jejum intermitente, entre muitas outras.

Você sente que toda hora aparece alguém nas suas redes sociais com o maior corpão sarado do nada, propagando alguma dieta milagrosa, ou alguma nova dieta no mercado, tipo a do unicórnio? E aí, o que fazer?

A melhor dieta para uma pessoa depende de vários fatores, incluindo seus objetivos, estilo de vida, saúde, necessidades nutricionais e preferências alimentares.

O conceito de bioindividualidade é um dos pilares do Institute of Integrative Nutrition de Nova York e consiste em reconhecer que cada pessoa é única, com as próprias necessidades, preferências, histórico, estilo de vida e corpo. Essa ideia desafia o pensamento "tamanho único", que muitas vezes prevalece no mundo da nutrição e da saúde.

De acordo com a bioindividualidade, o que funciona bem para uma pessoa pode não funcionar para outra. Por exemplo, algumas pessoas se sentem ótimas seguindo uma dieta vegana, enquanto outras podem se sentir melhor com uma que seja rica em proteínas de origem animal. Lembro-me de um professor do IIN que dizia que a comida que é remédio para uma pessoa pode ser veneno para outra. Um ótimo exemplo disso é a pasta de amendoim, que para muitos é uma excelente fonte proteica (e ainda mata a vontade de comer um docinho, sem precisar ingerir açúcar), mas aos alérgicos a amendoim pode significar uma visita à emergência do hospital mais próximo.

A bioindividualidade respeita essas singularidades e incentiva as pessoas a se especializarem no próprio corpo, a prestar atenção em como se sentem após comer certos alimentos ou seguir determinados estilos de vida, e a fazer escolhas de saúde que se alinhem a suas necessidades e objetivos individuais.

Portanto, a bioindividualidade não oferece uma "dieta perfeita" ou um plano de saúde universal, mas sim faz um convite para que cada um de nós explore, experimente e descubra o que nos faz sentir melhor.

Para que você tenha um ponto de partida em sua exploração, vamos simplificar um pouco as coisas. Michael Pollan, autor do livro

Em defesa da comida, tem uma frase que acho maravilhosa: "Coma comida. Não muita. Principalmente plantas." Essa máxima é simples, mas poderosa, e é o fundamento de uma alimentação saudável. Parece fácil, certo? E é mesmo!

Vamos começar com a primeira parte: "Coma comida." Pollan está se referindo a alimentos verdadeiros, aqueles que a natureza nos dá, e não a produtos ultraprocessados que inundam nossos supermercados, os quais ele chama de "substâncias que parecem comida". As misturas de bolos em pó são um exemplo dessas substâncias. A essas misturas você acrescenta um ovo, coloca no micro-ondas e, *tcharam!*, o bolo está pronto.

Mas como distinguir no supermercado os alimentos de verdade das "substâncias que parecem comida"? Michael Pollan dá duas dicas simples e certeiras. A primeira é: não coma nada que sua avó não reconheceria como comida. Da próxima vez que você pegar, por exemplo, uma embalagem que se parece com uma pasta de dentes, mas que contém brigadeiro pronto, imagine sua avó olhando para aquilo e coçando a cabeça com carinha de confusa. Pronto, não é comida.

A segunda dica é: concentre suas compras nas extremidades do supermercado, ou seja, nas prateleiras que ficam nas paredes laterais e nos fundos da loja. Nessas paredes, normalmente, está a comida de verdade: frutas, legumes, verduras, carnes. Talvez você nunca tenha se dado conta disso, mas observe na sua próxima ida ao mercado e você ficará surpreso.

E por que isso é importante? De acordo com o Institute of Integrative Nutrition, alimentos processados contêm aditivos químicos que podem afetar nossa saúde e nosso bem-estar. Por outro lado, alimentos naturais são ricos em nutrientes e representam a melhor opção para o nosso corpo.

A segunda parte do conselho de Pollan é: "Não muita." Isso se refere à quantidade de comida que consumimos. O consumo excessivo de calorias, independentemente do tipo de alimento, leva ao ganho de peso. O que significa que, mesmo que você esteja comendo os alimentos mais saudáveis do mundo, a quantidade ainda importa.

No Japão, existe um conceito alimentar conhecido como "Hara Hachi Bu", originado em Okinawa (uma das Blue Zones sobre as quais já comentei), que incentiva as pessoas a comerem até se sentirem 80% saciadas em vez de 100%. Essa prática, profundamente enraizada na cultura e na filosofia japonesas, prega que parar de comer antes de se sentir de todo satisfeito pode levar a uma vida mais longa e saudável.

Vários estudos científicos também corroboram a ideia de que a restrição calórica moderada pode ter benefícios significativos para a saúde, incluindo uma melhora no metabolismo e talvez até na longevidade.

Finalmente, temos a última parte do conselho de Michael Pollan: "Principalmente plantas." Plantas são as verdadeiras super-heroínas do mundo da comida. Elas são repletas de fibras, vitaminas, minerais e antioxidantes que ajudam a manter nosso corpo funcionando a todo vapor. Estudos mostram que uma dieta rica em frutas, legumes, grãos integrais e nozes está associada a um menor risco de doenças cardíacas, síndrome metabólica e outras condições de saúde.[17]

---

17 KESSE-GUYOT, E.; AHLUWALIA, N.; LASSALE, C.; HERCBERG, S.; FEZEU, L.; LAIRON, D. **Adherence to Mediterranean diet reduces the risk of metabolic syndrome: A 6-year prospective study.** Nutr Metab Cardiovasc Dis. p. 677-683, 2013.
CHEN, S. T.; MARUTHUR, N. M.; APPEL, L. J. **The effect of dietary patterns on estimated coronary heart disease risk.** Circulation: Cardiovascular Quality and Outcomes. p. 484-489, 2010.
HU, F. B.; WILLET, W. C. **Optimal diets for prevention of coronary heart disease.** JAMA. p. 2569-2578, 2002.

Então, o que isso tudo significa? Significa que não precisamos complicar tanto a nossa relação com a comida. Escolha alimentos naturais, preste atenção à quantidade e não se esqueça de encher o prato de cores com muitas plantas. Simples assim!

Protocolo de alimentação

Prática da alimentação consciente

Escolha uma refeição ou lanche do seu dia para praticar a alimentação consciente, o que envolve estar presente e focado durante a sua refeição, evitando distrações como TV ou celular. Preste atenção ao sabor, à textura e ao aroma da comida, e note como se sente ao comer. Isso ajudará você a se conectar com a sua sensação de saciedade, evitando o consumo excessivo.

Diário alimentar

Mantenha um diário alimentar por uma semana. Anote o que você comeu, como se sentiu antes e depois de comer, e quaisquer outros pensamentos ou emoções que tenham vindo à tona. O objetivo disso não é monitorar as calorias, mas desenvolver uma melhor compreensão sobre como diferentes alimentos afetam seu corpo e seu humor. Você se sente energizado? Satisfeito? Inchado? Sonolento? Usar um aplicativo ou simplesmente um caderno pode ajudá-lo nessa tarefa. Ao fim da semana, reflita sobre o que descobriu.

Experimente novos alimentos

Incorpore novos alimentos à sua dieta. Se possível, inclua mais alimentos frescos e naturais, como frutas, vegetais, grãos integrais, nozes e sementes. Se você acha que vegetais não têm a menor graça, talvez não tenha experimentado o suficiente! Há uma incrível variedade deles por aí, e muitas maneiras deliciosas de prepará-los. Tente incluir um novo vegetal em sua dieta a cada semana. Experimente diferentes métodos de cozimento — faça vegetais assados, grelhados, cozidos no vapor, salteados — e veja de qual você mais gosta.

Seja curioso e aberto a experimentar. Note como se sente após consumir esses alimentos. Isso pode te ajudar a descobrir quais deles fazem com que você se sinta melhor e quais não são tão benéficos.

Talvez você pense "Ah, mas eu não gosto de fruta"; nesse caso, vou convidá-lo a trazer a sua alimentação para a sua vida adulta. Sim, a vida adulta em que você faz uma porção de coisas de que não gosta, como pagar a conta de luz ou dirigir no engarrafamento para o trabalho, simplesmente porque você sabe que precisa fazê-las. Eu vou amar se, nesse processo, você acabar gostando de novos alimentos. Mas, até lá, já sabe: engole o choro e manda ver nos brócolis. Sem desculpas.

Desafio da comida de verdade

Experimente passar uma semana comendo apenas alimentos frescos e minimamente processados. Isso significa evitar aqueles que vêm em pacotes ou caixas em cujo verso você encontra uma longa lista de ingredientes que não consegue pronunciar (aliás, ao ler rótulos, saiba que o ingrediente que vem primeiro na lista é, também, o que existe em maior quantidade no alimento. Isso permite que você fuja de produtos que parecem inofensivos, mas que são uma grande cilada). Opte por frutas, vegetais, grãos integrais, legumes, nozes, sementes, carnes magras, aves e peixes.

***

> Lembre-se: mudar hábitos alimentares é um processo que leva tempo. Seja paciente consigo mesmo e faça pequenas mudanças passo a passo. Toda mudança começa pequena, não é preciso transformar tudo de uma vez. Tente implementar uma nova prática por vez e perceba as diferenças que isso traz para o seu corpo e bem-estar. O importante é começar e manter a consciência durante esse processo. Não se esqueça de que você está cuidando da sua saúde, e que cada passo, por menor que seja, é uma vitória.

Movimento como medicina: a importância da atividade física regular e como incorporar movimento à sua rotina, mesmo quando você tem certeza de que não tem tempo

Você já ouviu a expressão "Corpo em movimento, mente saudável"? Se nunca ouviu, tudo bem, eu acabei de inventá-la só para puxar esse assunto. Mas existe muita verdade nisso. A atividade física regular é uma das coisas mais poderosas que podemos fazer pela nossa saúde. Ela fortalece nosso coração, melhora a circulação sanguínea, aumenta a nossa energia, reduz o risco de muitas doenças e ajuda a regular o humor. No entanto, em meio à correria do dia a dia, o exercício físico costuma ser o primeiro item a ser cortado da nossa lista de tarefas.

Parece familiar? Bem, você não é o único. Muitos de nós encaramos a atividade física como um "tudo ou nada" — ou passamos uma hora na academia todos os dias, ou não fazemos nada e esperamos até janeiro do ano seguinte para tentar de novo.

Mas a ciência nos mostra que mesmo se movimentar apenas de vez em quando já pode fazer uma grande diferença. Pouco exercício é melhor do que nenhum, e mesmo breves períodos de atividade física podem ser benéficos para a saúde.

Então, como podemos incorporar mais movimento às nossas rotinas agitadas? A chave é repensar o que realmente significa "exercício". Não se trata apenas de correr na esteira ou levantar pesos na academia; o exercício é *qualquer atividade que faça seu corpo se mover e seu coração bater mais rápido*. Pode ser uma caminhada rápida no parque, uma dança ao som da sua música favorita, ou até mesmo uma sessão de yoga de dez minutos em casa.

Vamos ser honestos, algumas vezes a maior barreira para a atividade física não é a falta de tempo, mas a falta de motivação. Nesse caso, é importante encontrar uma atividade de que você realmente goste. Talvez não seja tão rápido descobrir o que funciona para você, e tudo bem. O importante é que seja algo que você *queira* fazer, não uma mera obrigação que você tem que marcar como concluída.

Quando um cliente me fala que não gosta de atividade física, eu dou uma risada e explico que isso seria como dizer que não gosta de comida. Quer dizer... você pode não gostar de fígado acebolado, mas com certeza tem alguma comida de que você gosta. Do mesmo modo, existem milhares de atividades físicas possíveis, da musculação ao rafting, das artes marciais (que são várias) à natação ou à escalada de montanhas. Então, a não ser que você já tenha experimentado todas as que existem, não dá para você afirmar com absoluta certeza que não gosta de nenhuma.

De toda forma, enquanto você não encontra uma atividade física para chamar de sua, vale aqui a mesma regra dos brócolis: seja adulto e faça o que sabe que precisa ser feito, mesmo quando não for gostosinho. Eu acordo feliz da vida às 4h30 para fazer minha yoga, uma atividade que amo, mas, na maioria das vezes, começo meu treino de musculação na força do ódio, e você também pode começar assim.

A coach de desenvolvimento pessoal e escritora Mel Robbins desenvolveu uma técnica simples, mas poderosa, batizada de "regra dos cinco segundos" para ajudar pessoas a tomar ações decisivas em momentos de hesitação ou procrastinação.

Funciona assim: sempre que você perceber que precisa fazer algo, mas a motivação não vem, conte regressivamente de cinco até um. Assim que chegar ao número um, tome a iniciativa necessária. Essa técnica pode ser incrivelmente eficaz para você que luta para inserir atividades físicas no seu dia a dia.

Quando a preguiça ou o cansaço baterem e a ideia de ir para a academia ou fazer uma caminhada parecer insuportável, você vai simplesmente contar "5, 4, 3, 2, 1" e se forçar a levantar e a fazer.

O ato de contar distrai o cérebro e interrompe o ciclo de procrastinação, enquanto o movimento imediato cria um senso de urgência e comprometimento que torna mais fácil seguir em frente. É uma forma simples, mas respaldada pela ciência, de vencer a inércia e dar o primeiro passo rumo a um estilo de vida mais ativo e saudável.

Outra dica valiosa é incorporar o movimento em suas atividades diárias. Você pode estacionar o carro um pouco mais longe do destino para fazer uma caminhada, usar as escadas em vez do elevador, ou fazer uma pequena sessão de alongamento enquanto assiste à sua série favorita. O importante é não ficar parado.

Então, levante-se e movimente-se. Não importa se você fará isso por cinco minutos ou por uma hora. O importante é começar. Afinal, como disse Lao Tzu: "Uma jornada de mil milhas começa com um único passo." E o movimento é um passo fundamental na jornada do reset da saúde física.

> ## Protocolo de atividades físicas
>
> ### Defina um alarme de movimento
>
> Defina um alarme para tocar a cada hora durante o seu dia de trabalho. Quando o alarme tocar, dê uma pequena pausa no que estiver fazendo e se movimente por alguns minutos. Você pode se levantar e esticar as pernas, dar uma pequena caminhada, ou fazer exercícios simples de alongamento. Isso não só te ajuda a adicionar mais movimento ao seu dia, como também é ótimo para quebrar o ciclo de permanecer sentado por períodos prolongados, coisa que nosso corpo não foi projetado para fazer.
>
> ### Encontre uma atividade física que você ame
>
> Dedique algum tempo para experimentar diferentes tipos de atividades físicas até encontrar uma ou mais de que você realmente goste. Pode ser dança, yoga, caminhada, corrida, ou até mesmo um esporte. O objetivo é descobrir algo que você esteja ansioso para fazer, não algo que sinta que tem de fazer. Uma vez que essa atividade esteja definida, tente incorporá-la à sua rotina semanal de maneira consistente.
>
> ### Desafio dos dez minutos
>
> Inicie o desafio dos dez minutos. A ideia é fazer pelo menos dez minutos de atividade física todos os dias. Pode parecer pouco, mas esses dez minutos diários somam 70 minutos por

> semana, 280 minutos por mês, e assim por diante. Você vai colher os juros compostos desses hábitos atômicos, como já mencionei. E lembre-se de que esses dez minutos podem ser divididos ao longo do dia — dois minutos aqui, três minutos ali. O importante é simplesmente começar.
>
> ***
>
> A atividade física não precisa ser uma tarefa árdua e cansativa. Com um pouco de criatividade, ela pode ser divertida e recompensadora. Cada passo, por menor que seja, é um passo na direção certa. Então, vamos nos levantar e nos mover!

Conectando corpo e mente: como a sua saúde física está intrinsecamente ligada à sua saúde mental, e como você pode usar essa conexão a seu favor

A relação entre corpo e mente é uma das questões mais fascinantes e, ao mesmo tempo, mais negligenciadas da saúde. Tendemos a ver o corpo e a mente como entidades separadas — cuidamos do corpo com exercício e alimentação adequada, e cuidamos da mente com práticas como meditação ou terapia. No entanto, a verdade é que corpo e mente estão intrinsecamente ligados, e a saúde de um afeta diretamente a saúde do outro.

Vamos pensar por um momento sobre como nos sentimos depois de uma boa noite de sono ou de uma refeição nutritiva. Nos sentimos energizados, alertas, capazes de pensar com clareza. Agora, imagine como nos sentimos depois de uma noite mal dormida ou de uma refeição desequilibrada. Nos sentimos cansados, irritados, lutando para manter o foco. Essas são apenas duas das muitas maneiras pelas quais nossa saúde física pode influenciar nosso estado mental.

A ciência já confirma essa conexão. A atividade física regular pode ajudar a aliviar os sintomas de depressão e ansiedade, melhorar o humor e aumentar a autoestima. Por outro lado, o estresse crônico e a ansiedade podem levar a problemas de saúde física, como doenças cardíacas e problemas digestivos.

Mas como podemos usar essa conexão entre corpo e mente a nosso favor? A chave está em abordar nossa saúde de uma forma integrada, reconhecendo que o cuidado com o corpo é também um cuidado com a mente, e vice-versa.

Algumas das mudanças sobre as quais já conversamos vão ajudar com a incorporação da atividade física em nossa rotina de autocuidado mental, assim como da prática de atenção plena enquanto nos alimentamos ou exercitamos.

Mais uma vez, lembro que não se trata de ser perfeito ou de fazer tudo de uma vez. Seja gentil consigo mesmo e reconheça que todos nós temos dias bons e ruins. Em algumas fases da vida, a verdade é que temos mais dias ruins do que bons. O objetivo é fazer pequenas mudanças que, ao longo do tempo, possam somar juros compostos e ter um impacto significativo em nossa saúde física e mental.

A conexão entre corpo e mente é uma poderosa aliada em nossa jornada para o reset da saúde física. Ao entender essa ligação, podemos cuidar de nós mesmos de uma forma mais completa e eficaz. E, no final das contas, esse é um dos meios mais efetivos de nos empoderar na própria jornada de saúde e bem-estar.

Protocolo de conexão corpo e mente

Primeiro passo: meditação caminhando

Experimente a meditação caminhando, que combina o exercício físico e a atenção plena, conectando o seu corpo e a sua mente. Durante uma caminhada, concentre-se na sensação dos seus pés tocando o chão, no ritmo da sua respiração, nos sons ao seu redor. Seus pensamentos vão vagar, é natural. Quando isso acontecer, apenas traga sua atenção de volta para o momento presente. Isso não só te ajuda a adicionar mais movimento ao seu dia, mas também a cultivar a atenção plena e a calma mental.

Segundo passo: diário de saúde corpo e mente

Mantenha um diário de saúde corpo e mente. Todos os dias, anote como você se sente mental e fisicamente. Você não precisa fazer grandes relatórios sobre isso, às vezes apenas uma palavra é o bastante. O objetivo é começar a perceber as conexões entre os seus estados físico e mental. Por exemplo, você pode notar que se sente mais ansioso quando está cansado, ou que se sente mais energizado quando come de forma saudável. Esse diário pode te ajudar a entender melhor a interconexão entre a sua saúde física e mental.

Terceiro passo: yoga ou tai chi chuan

Experimente a prática de yoga ou de tai chi chuan, formas de exercício que também envolvem um forte componente mental e que ajudam a acalmar a mente e a cultivar a atenção plena. Não se preocupe se você nunca fez isso antes. Existem muitos recursos online gratuitos para iniciantes, e o objetivo não é ser perfeito, mas simplesmente experimentar e ver como você se sente.

***

> Lembre-se: a jornada para conectar corpo e mente é única para cada pessoa. O que funciona para uma pode não funcionar para outra. O importante é experimentar diferentes abordagens, ter paciência consigo mesmo e, acima de tudo, desfrutar do processo.

Capítulo 3
O reset da saúde mental e emocional

*Quando você limpa os próprios pensamentos,
você limpa o mundo.*

Shannon Kaiser

Antes de iniciar meu reset de vida, minhas noites sempre terminavam da mesma forma: deitada na cama tarde da noite depois de um dia agitado, cheio de atendimentos a clientes, encontros de mentoria, reuniões de equipe, definição de cardápio das refeições da casa, checagem para ver o que faltava na geladeira... O tradicional corre-corre de leva e busca filho em escola, ver agendas dos filhos, ajudar com dever de casa etc.

Como minha energia estava no fundo do poço por causa da bagunça hormonal causada pelo climatério e pela minha incapacidade de fazer atividades físicas mais puxadas, por causa da diástase e da hérnia, lidar com tudo que eu sempre tinha lidado tranquilamente tinha se tornado uma dificuldade imensa.

Meu cérebro estava sempre em ebulição, misturando pensamentos, preocupações e um turbilhão de emoções. Independentemente do roteiro específico de cada dia, o final era sempre o mesmo: eu me sentia cansada, sobrecarregada e frustrada porque não tinha tempo nem energia suficientes para nada que fosse "extra", como ler um livro, ou simplesmente tomar um banho de banheira mais demorado e relaxante.

A ideia de ter que encarar tudo de novo no dia seguinte parecia aterrorizante. Até meus sonhos eram invadidos pela tensão e se tornavam pesadelos em que eu perdia prazos, esquecia reuniões e tinha que fazer viagens de emergência a trabalho.

Essa situação soa familiar? Não se preocupe, você não está sozinho. Segundo a Organização Mundial da Saúde (OMS), em 2021 a depressão e a ansiedade afetavam mais de trezentos milhões de pessoas em todo o mundo. E esse quadro tem se agravado devido às exigências cada vez maiores da sociedade atual.

Ainda que você esteja vivendo hoje no balanço pendular entre picos de ansiedade e depressão, quero que saiba que é possível encontrar um equilíbrio, que você pode dar um reset na sua saúde mental e emocional. É isso mesmo, um recomeço.

Nossa mente e nossas emoções também podem ser reiniciadas. Mas, ao contrário do computador, não temos um botão físico para essa finalidade. Então, como podemos fazer isso?

Os passos para o reset mental e emocional não envolvem chips e circuitos, mas sim as escolhas conscientes que fazemos para a nossa saúde todos os dias. Sim, assim como o reset de saúde, esse também é um processo que exige compromisso, mas os benefícios valem a pena.

Ao longo deste capítulo, exploraremos as maneiras comprovadas e, talvez para você, inusitadas de dar esse importante passo em direção à recuperação do equilíbrio mental e emocional. Prepare-se para uma jornada de autodescoberta e transformação, enquanto reiniciamos juntos o sistema mais complexo que possuímos: nossa mente.

A arte da autocompaixão: uma abordagem poderosa e não convencional da saúde mental

Você já ouviu falar sobre autocompaixão? Talvez você já tenha ouvido, mas não tenha dado a devida importância, pois esse parece um termo vago, que soa como bastante desejável, porém abstrato demais para ser conquistado de verdade. Ou talvez esse conceito seja completamente novo para você. Qualquer que seja o seu nível de familiaridade com a autocompaixão, é fundamental que você saiba o poder que ela tem de transformar sua saúde mental.

A autocompaixão, conforme definido pela pioneira nesse campo, Dra. Kristin Neff, é tratar a si mesmo com o mesmo cuidado, bondade e entendimento que você trataria um bom amigo. Parece simples, não é? Mas por que é tão difícil para nós sermos gentis conosco mesmos? Muitas vezes somos os nossos críticos mais severos. E é a autocompaixão que pode mudar isso.

A autocompaixão está associada à resiliência emocional, à satisfação com a vida e à redução dos níveis de ansiedade e depressão. Ser gentil consigo mesmo e reconhecer que o sofrimento é uma parte inevitável da vida humana pode ajudar a aliviar a dor emocional. Ela também pode agir como um fator de proteção contra o burnout, uma condição cada vez mais comum em um mundo acelerado e exigente.

O burnout é um estado de esgotamento físico, emocional e mental, em geral causado por períodos prolongados de estresse ou sobrecarga de trabalho. Esse conceito foi primeiramente introduzido pelo psicólogo Herbert Freudenberger na década de 1970, que descreveu tal condição como uma resposta à pressão excessiva relacionada ao trabalho ou a outras demandas da vida.

Segundo a OMS, o burnout se caracteriza por três dimensões principais: esgotamento, cinismo ou distanciamento mental em relação ao trabalho e uma eficácia profissional reduzida.

Os sintomas do burnout podem variar e incluir exaustão emocional, sentimentos de negatividade ou cinismo em relação ao trabalho, sensação de ineficácia ou falta de realização, além de problemas de saúde como dores de cabeça, distúrbios do sono, problemas digestivos, entre outros.

Na vida diária, o burnout pode manifestar-se como um sentimento de estar constantemente atrasado, uma sensação de estar "preso" em tarefas que parecem intermináveis, dificuldade em desligar-se do trabalho, mesmo fora do horário de expediente, e uma sensação geral de esgotamento.

Um estudo da Universidade de Zaragoza conduzido por Montero-Marin[18] encontrou uma correlação inversa entre autocompaixão e burnout em profissionais da saúde, sugerindo que a autocompaixão pode servir como um escudo contra o esgotamento profissional.

Os resultados mostraram que quanto maior a autocompaixão, menor a probabilidade de experimentar sintomas de burnout. A autocompaixão foi observada como uma capacidade de oferecer bondade a si mesmo, entender os próprios sofrimentos como parte da experiência humana e manter uma atitude equilibrada frente às emoções negativas. Essas características mostraram ser poderosos antídotos contra o esgotamento profissional.

Os pesquisadores concluíram que a prática da autocompaixão pode ser uma estratégia eficaz para prevenir e gerenciar o burnout

---

18 MONTERO-MARIN, J.; ZUBIAGA, F.; CERECEDA, M.; PIVA DEMARZO, M. M.; TRENC, P.; GARCIA-CAMPAYO, J. **Burnout subtypes and absence of self-compassion in primary healthcare professionals: A cross-sectional study.** PLOS ONE, v. 11, n. 6, e0157499, 2016.

entre profissionais de saúde. Eles recomendaram a incorporação de práticas de autocompaixão em programas de bem-estar e treinamentos para profissionais de saúde, a fim de fortalecer sua resiliência e melhorar a saúde mental.

Na teoria tudo parece lindo, mas como aplicar isso à sua vida? Você pode começar cultivando a autocompaixão em momentos de estresse ou "fracasso". Em vez de se criticar, faça exatamente como faria se aquela situação estivesse acontecendo com o seu melhor amigo. Pergunte-se: "Como eu posso me apoiar neste momento?"

Outra prática possível é a meditação da autocompaixão,[19] em que você se concentra em enviar pensamentos positivos e amorosos para si mesmo.

A chave aqui é lembrar que todos somos humanos e cometemos erros. A autocompaixão nos permite aceitar nossas falhas e dificuldades com gentileza, o que é crucial para a nossa saúde mental.

> **Protocolo de autocompaixão para saúde mental**
>
> *Manhã: despertar com autocompaixão*
>
> Afirmações positivas: comece o dia com algumas afirmações positivas. Enquanto se prepara para o dia, repita mentalmente ou em voz alta: "Eu me aceito como sou" ou "Eu sou suficiente". Isso pode parecer estranho no começo, mas com a prática você vai passar a internalizar essas mensagens positivas.

---

19 Disponibilizei a meditação guiada da autocompaixão para você gratuitamente no site www.poderdoreset.com.br.

Tarde: reconhecer e responder

Checagem de autocompaixão: faça uma pausa na metade do seu dia para checar como está se sentindo. Se perceber que está sendo duro consigo ou se sentindo estressado, tente dirigir-se a si mesmo como se fosse a um amigo. O que você diria a ele para oferecer apoio e compreensão?

Respirar e relaxar

Meditação da autocompaixão: tire de dez a 15 minutos para praticar essa meditação. Concentre-se em respirar profundamente, relaxar o corpo e enviar mensagens de amor e gentileza para si mesmo.

Noite: reflexão do dia

Diário de autocompaixão: antes de dormir, escreva sobre as situações do dia em que você se sentiu desafiado e relate a maneira como você lidou com elas. Celebre as vezes em que você foi capaz de ser compassivo consigo mesmo e reflita sobre as situações em que poderia ter sido mais gentil.

***

Lembre-se: a autocompaixão é uma prática. Alguns dias serão mais difíceis do que outros, e está tudo bem. O importante é manter a intenção de ser mais gentil consigo mesmo, pouco a pouco, dia após dia.

O poder do silêncio: como a prática da meditação e a busca pelo silêncio podem nos ajudar a resetar nossa mente

Em um mundo com WhatsApp e outras redes sociais, em que somos o tempo todo bombardeados com informações e distrações, encontrar um momento de silêncio pode parecer um luxo inalcançável (e mais ainda se você tem filhos). No entanto, estudos mostram que a prática da meditação e a busca pelo silêncio podem trazer inúmeros benefícios para a nossa saúde mental.

A prática da meditação tem origem em tradições ancestrais e remonta a milhares de anos. Os registros mais antigos de práticas meditativas vêm de tradições da Índia Antiga, por volta do século 15 a.C., documentados nos Vedas, uma coleção de textos sagrados hindus. O hinduísmo, o jainismo e o budismo têm suas raízes nessa região e período e integram a meditação como parte central de suas práticas espirituais.

O budismo, em particular, desempenhou um papel fundamental na popularização da meditação. Sidarta Gautama, conhecido como Buda, foi um proeminente defensor da meditação no século 6 a.C., e acreditava que ela poderia levar à iluminação e à libertação do sofrimento. As técnicas de meditação budista, como *vipassana* (insight) e *metta* (bondade amorosa), influenciaram muitas práticas meditativas em todo o mundo.

A meditação não está restrita a qualquer tradição ou religião específica. Práticas semelhantes podem ser encontradas em diversas culturas ao redor do mundo, incluindo tradições taoístas na China e práticas de contemplação nas tradições místicas cristãs, judaicas e islâmicas.

A prática meditativa envolve concentrar a atenção, seja na respiração, em um mantra ou simplesmente na observação dos próprios pensamentos e emoções. E hoje em dia é reconhecida no mundo inteiro como uma prática de bem-estar e saúde mental, e uma quantidade significativa de pesquisas científicas validam seus benefícios na redução do estresse e na melhoria da qualidade de vida. Estudos de imagens cerebrais revelam que a meditação pode alterar a estrutura e a função do cérebro, promovendo a neuroplasticidade, ou seja, a capacidade de o sistema nervoso mudar sua estrutura, suas funções e conexões em resposta a experiências e aprendizados. A neuroplasticidade permite que nosso cérebro se adapte e evolua, o que pode ser fundamental para aprimorar a memória, a atenção e até mesmo diminuir os níveis de estresse e ansiedade. Portanto, a prática regular da meditação não apenas acalma sua mente no momento em que você está meditando, mas também pode ter efeitos duradouros e benéficos na estrutura do seu cérebro.

Em particular, a meditação pode aumentar a densidade de matéria cinzenta em áreas do cérebro associadas à regulação emocional, autoconsciência e perspectiva. O aumento da densidade de matéria cinzenta em áreas do cérebro relacionadas à regulação emocional pode auxiliar você a gerenciar melhor seus sentimentos, reduzindo impulsividade e reações emocionais extremas, como raiva ou tristeza. Isso significa que você teria uma maior capacidade de enfrentar situações estressantes ou desafiadoras com uma abordagem mais equilibrada e racional, como não gritar com seu filho só porque ele derrubou o iogurte na mesa do café da manhã, por exemplo.

Em termos de autoconsciência, uma matéria cinzenta mais densa pode ajudá-lo a entender melhor suas necessidades, seus desejos e suas limitações, o que é crucial para tomar decisões pertinentes na vida. Imagine entender de forma clara e objetiva o porquê de procrastinar tarefas importantes e então tomar ações imediatas para mudar esse hábito.

Por fim, melhorias na perspectiva podem ajudar você a visualizar situações a partir de diferentes ângulos, facilitando a empatia e o entendimento em relações interpessoais. Isso pode ser tão prático quanto saber quando dar um passo atrás em uma discussão para considerar o ponto de vista da outra pessoa, melhorando assim a qualidade de seus relacionamentos.

Mas, para você, o que isso significa na prática? Imagine começar o dia com alguns minutos de silêncio, tempo para se conectar consigo mesmo antes de se conectar com o mundo. Imagine ter uma ferramenta à disposição para gerenciar momentos de estresse, capaz de ajudá-lo a se manter centrado e calmo durante o resto do dia?

Não é preciso se tornar um mestre em meditação para colher esses e muitos outros frutos dessa prática. Começar com apenas alguns minutos por dia já pode fazer uma grande diferença. Existem inúmeros aplicativos e guias disponíveis para ajudá-lo a iniciar essa prática. Lembre-se de que o objetivo não é esvaziar completamente a mente (o que seria impossível!), mas sim aprender a observar seus pensamentos e emoções sem julgamento.

O silêncio e a meditação são ferramentas poderosas para gerar o reset de que sua mente precisa, pois oferecem um espaço em que é possível se afastar do barulho e da agitação do mundo e se conectar consigo mesmo, de modo a melhorar sua saúde mental.

Protocolo de aproveitamento do poder do silêncio para a saúde mental

Manhã: *despertar silencioso*

Meditação matinal: comece o dia praticando de cinco a 15 minutos de meditação. Sente-se em um lugar confortável, feche os olhos e concentre-se na sua respiração. Observe seus pensamentos passarem sem julgá-los.

Tarde: conexão interior

Pausa para o silêncio: faça uma pausa na metade do seu dia para um momento de silêncio. Isso não precisa ser uma meditação formal, mas apenas um momento para se desligar das tarefas e dos ruídos externos e simplesmente desfrutar da própria companhia.

Noite: desacelerando

Meditação da gratidão: no final do dia, pratique a meditação da gratidão. Reflita sobre três coisas pelas quais você é grato. Escreva sobre elas. Isso ajuda a cultivar um sentimento de contentamento e a manter uma perspectiva positiva.

Antes de dormir: relaxamento progressivo

Logo antes de se deitar para dormir, pratique o relaxamento progressivo. Isso envolve tensionar e relaxar cada grupo muscular, começando pelos dedos dos pés e subindo até a cabeça. Essa prática pode ajudar a liberar a tensão física e mental, preparando corpo e mente para um sono tranquilo.

***

Lembre-se: como qualquer nova habilidade, a meditação requer prática. Alguns dias podem ser mais desafiadores do que outros, mas com o tempo você começará a notar os benefícios que ela traz para sua saúde mental.

A conexão com a natureza: biofilia e revitalização de nossos estados emocional e mental

O termo "biofilia", introduzido por Edward O. Wilson em seu livro *Biophilia* (1984), diz respeito à ligação inata que os seres humanos têm com a natureza. Na sociedade moderna, em que muitos de nós vivemos em ambientes urbanizados e passamos grande parte do nosso tempo em ambientes fechados, essa conexão muitas vezes parece ter sido perdida.

No meu livro *Só cai quem voa*, falo muito sobre como nos esquecemos de que somos animais da natureza — e, portanto, parte dela — e do quanto essa desconexão nos causa sofrimento e problemas. O contrário também vale: pesquisas mostram que o contato com a natureza pode trazer benefícios significativos para nossa saúde mental e que a exposição à natureza pode reduzir o estresse e a ansiedade, melhorar o humor e aumentar a sensação de bem-estar. Até mesmo uma breve caminhada em um parque ou um momento de contemplação de uma paisagem natural pode ter efeitos positivos. Isso ocorre porque a natureza funciona como um calmante em nosso sistema nervoso, ajudando a reduzir a produção de cortisol, o hormônio do estresse.

A única vez na vida que me senti deprimida foi em 2017, quando me mudei de um apartamento cuja vista dava para uma floresta e fui morar em um condomínio de luxo, porém com pouquíssima natureza (e a pouca que tinha era toda "organizadinha", o que trazia um ar de artificialidade).

A falta de interação com a natureza mais selvagem me jogou no fundo do poço; algo parecia estar faltando na minha vida, porém eu não sabia o que era. Até que comecei a levar diariamente meu cachorro para passear, e, na verdade, era ele que parecia estar me conduzindo. Ele me arrastava pela rua até entrarmos em um condomínio de casas, e me levava a um parque no qual havia um banco de praça e uma árvore enorme. Ali, sentávamos, e eu ficava observando aquela árvore, o vento, o céu...

Em alguns dias, comecei a sentir algo que há tempos não sentia: vontade de acordar cedo e me levantar da cama para sair com o cachorro. Em algumas semanas meu estado de espírito mudou por completo, e, pouco a pouco, fui voltando ao meu normal. Entendi que precisava voltar a morar em uma casa que me desse acesso a bastante natureza. Entendi que essa era uma condição essencial para a minha felicidade.

Da perspectiva biológica, somos seres feitos para interagir com o ambiente natural. Nossos sentidos se desenvolveram para responder aos estímulos da natureza: o canto dos pássaros, o movimento das folhas, a fragrância das flores. Essas experiências sensoriais podem nos ajudar a nos reconectar com o momento presente, aliviando a sobrecarga de informações que frequentemente experimentamos na vida moderna.

Procure formas de incorporar ao seu dia a dia mais contato com a natureza. Pode ser algo tão simples como manter plantas em casa, passar um tempo no jardim, caminhar em um parque local ou mesmo ouvir gravações dos sons da natureza. Cada pequeno momento de conexão conta.

Lembre-se de que a natureza é um recurso poderoso para nossa saúde mental. Restabelecer essa conexão é uma forma de resetar nossa mente e revitalizar nossos estados emocional e mental.

O poder da criatividade: a expressão criativa como um poderoso catalisador da saúde mental

Agora vamos falar de um tópico que provavelmente você não esperava encontrar aqui no capítulo da saúde mental: a criatividade. Sim, essa capacidade inerente de criar, inovar e se expressar de forma única.

Pode ser que a sua primeira reação seja: "Bem, mas eu não sou artista, isso não se aplica a mim." Mas adivinhe: a criatividade não se limita à arte! É algo que todos nós possuímos em diferentes formas e níveis e que pode ser um poderoso aliado para a nossa saúde mental.

Um estudo publicado no *American Journal of Public Health*[20] analisou mais de cem pesquisas sobre o impacto da arte — música, pintura, dança e escrita — na saúde física e emocional. Os pesquisadores descobriram que as atividades artísticas reduzem sentimentos de ansiedade e isolamento, aumentam a autoestima e melhoram a qualidade de vida. Isso acontece porque a expressão criativa nos permite explorar nossas emoções e nossos pensamentos, trazendo à tona o que está em nossa mente.

Em uma pesquisa mais recente da Drexel University,[21] os pesquisadores descobriram que 45 minutos de atividade artística podem reduzir de forma significativa os níveis de cortisol, o hormônio do estresse, independentemente da habilidade artística da pessoa. E, não, você não precisa ser o Picasso ou a Frida Kahlo para obter esses benefícios.

---

20 STUCKEY, H. L.; NOBEL, J. **The Connection Between Art, Healing, and Public Health: A Review of Current Literature.** American Journal of Public Health, v. 100, n. 2, p. 254-263, 2010.
21 KAIMAL, G.; RAY, K.; MUNIZ, J. **Reduction of Cortisol Levels and Participants' Responses Following Art Making.** Art Therapy, v. 33, n. 2, p. 74-80, 2016.

Pense na criatividade como uma forma de diálogo com o seu eu interior. Imagine que você está escrevendo em um diário. Nesse processo, você tem a oportunidade de explorar seus sentimentos, medos, esperanças e sonhos. É como ter uma conversa honesta e aberta com você mesmo. Isso permite que você reflita, compreenda e, eventualmente, transforme sua visão de mundo e a maneira como lida com as próprias emoções.

E se escrever não for a sua praia, tudo bem! Experimente pintura, dança, jardinagem, culinária, tricô, fotografia... Não importa a forma que a sua criatividade toma, o que importa é expressá-la de alguma maneira. Essa expressão pode ser a chave para o reset da saúde mental que você está buscando.

Protocolo de expressão criativa para a saúde mental

Manhã: reflexão criativa

Diário matinal: logo após acordar, passe de cinco a 15 minutos escrevendo livremente em um diário. Não se preocupe com gramática ou ortografia. Escreva sobre o que vier à mente: seus sonhos, medos, esperanças, agradecimentos. Isso ajuda a limpar a mente e prepará-la para o dia que está por vir.

Meditação criativa: medite entre cinco e dez minutos, mas de uma maneira um pouco diferente. Em vez de esvaziar a mente, imagine um espaço seguro e criativo. Pode ser uma praia, uma floresta, um jardim, qualquer lugar que inspire criatividade para você. Fique nesse lugar imaginário por um tempo e sinta os benefícios disso na sua saúde mental ao longo do dia.

Tarde: pausa criativa

Arte expressiva: dedique de 15 a trinta minutos para criar algo. Pode ser um desenho, uma colagem, uma receita nova, um modelo de origami, um jardim de ervas na varanda. O importante é que seja uma atividade de que você goste e que lhe permita expressar sua criatividade.

Noite: relaxamento criativo

Escrita reflexiva: passe de dez a 15 minutos escrevendo sobre o seu dia. Quais foram os momentos que chamaram sua atenção? O que você aprendeu? Que emoções sentiu? Há alguma ideia ou pensamento que você gostaria de explorar mais a fundo?

Leitura inspiradora: passe algum tempo, entre vinte e trinta minutos, lendo um livro que inspire sua criatividade. Pode ser um livro de poesia, um romance, a biografia de um artista que você admira, ou até mesmo um livro de arte.

***

Lembre-se: este protocolo é apenas uma sugestão. Sinta-se à vontade para adaptá-lo conforme suas necessidades e seu cotidiano. Por exemplo, você pode escolher apenas uma ou duas das atividades propostas para incluir na sua rotina. O importante é criar um espaço em sua vida para a expressão criativa de uma maneira que funcione para você.

Com essas perspectivas e estratégias em mente, o próximo passo é iniciar a prática. Não se trata de uma mudança radical da noite para o dia, mas de pequenos passos consistentes na direção certa.

O primeiro passo é reconhecer a necessidade de um reset, o que já é uma vitória por si só. Então, reserve alguns minutos do seu dia para a autocompaixão, comece a praticar a meditação e o silêncio, passe um tempo na natureza e expresse sua criatividade.

Cada pequeno passo nessa direção é uma maneira de dizer: *Eu me importo comigo mesmo.* Acredite, isso faz uma enorme diferença. É a sua jornada, e cada passo conta.

Capítulo 4
O reset do tempo e da produtividade

> *O tempo é a moeda da sua vida.*
> *É a única moeda que você tem, e só você pode*
> *determinar como será gasta. Cuidado para não deixar*
> *que outras pessoas a gastem por você.*
>
> Carl Sandburg

Você já experimentou a sensação de olhar para o relógio e sentir que o dia simplesmente escapou pelas suas mãos? Bem-vindo ao clube, meu amigo. No entanto, aqui está a verdade surpreendente: o tempo não é o vilão. Sim, você leu isso certo.

De acordo com uma pesquisa do American Psychological Association,[22] 47% dos adultos relataram altos níveis de estresse relacionados ao tempo. Para mulheres entre 30 e 50 anos, com filhos e uma carreira profissional para administrar, esse número provavelmente é ainda maior. Se você se identificou com esse cenário, saiba que você não está sozinho.

---
22 American Psychological Association. **Stress in America: Are Teens Adopting Adults' Stress Habits?** 2014. Disponível em: https://www.apa.org/news/press/releases/stress/2013/stress-report.pdf

A boa notícia é que o tempo é democrático, todos nós temos as mesmas 24 horas por dia. Se o tempo é a moeda da vida, finalmente encontramos um sistema econômico no qual não existe desigualdade. Mas a forma como administramos a moeda do tempo pode fazer a diferença entre viver em constante correria e ter um ritmo de vida equilibrado e produtivo. Este capítulo é um convite para você dar um reset no seu tempo e na sua produtividade.

Ao final deste capítulo você entenderá que o tempo não é seu inimigo, mas sim um recurso valioso que pode ser gerenciado de maneira eficaz. A partir disso, você poderá implementar estratégias com base em evidências científicas para melhorar sua produtividade e equilibrar melhor sua vida pessoal e profissional.

Os próximos passos serão refletir sobre sua percepção atual do tempo, identificar seus gatilhos de procrastinação, experimentar a regra dos dois minutos em tarefas do dia a dia e começar a priorizar atividades de acordo com sua importância e seu impacto.

Pronto para recomeçar? Respire fundo, dê um sorriso e vamos, juntos, dar esse reset.

O tempo como aliado: como o conceito de tempo mudou ao longo da história, e como você pode usar a magia dos microssucessos a seu favor

No início das civilizações, as pessoas viviam em sintonia com os ciclos naturais. O Sol, a Lua, as marés e as estações do ano eram os únicos meios conhecidos para medir o tempo. Com a invenção do relógio mecânico no século XIV, a percepção do tempo se transformou. De repente, os minutos tornaram-se importantes, e a sociedade começou a se estruturar em torno deles.

Os avanços tecnológicos posteriores intensificaram essa tendência. Agora, em nossa era digital, o tempo é dividido em incrementos ainda menores. Vivemos em um mundo no qual cada minuto conta (no TikTok, são apenas alguns segundos!) e a produtividade é frequentemente valorizada acima de tudo. Essa visão moderna do tempo, porém, pode estar em conflito com nossa biologia interna.

Os ritmos circadianos que vimos no Capítulo 2 são os ciclos naturais do corpo que determinam nossos padrões de sono e vigília. Eles são governados pela luz do sol e não por relógios digitais, e têm uma influência significativa em nossa produtividade e em nosso bem-estar físico e mental. Desrespeitá-los, como frequentemente fazemos em nossa sociedade, que tem como cultura valorizar o "estar ocupado", pode ter sérias repercussões para a saúde.

Portanto, é crucial lembrar que nossa percepção do tempo é flexível e culturalmente construída. Por um lado, a invenção do relógio e a subsequente segmentação do tempo permitiram uma maior eficiência e produtividade. Por outro lado, a subordinação constante a um cronograma rígido e a uma agenda ocupadíssima pode ser contraproducente e prejudicial à saúde.

Sim, manter uma agenda extremamente ocupada e presa a um cronograma rígido pode, paradoxalmente, ser um obstáculo para a produtividade e o bem-estar. Estudos têm mostrado que sobrecarga de trabalho e estresse crônico são fatores de risco significativos para uma série de problemas de saúde, desde doenças cardiovasculares até transtornos de ansiedade e depressão.

Além disso, a constante pressão para cumprir prazos e tarefas pode prejudicar a criatividade e o pensamento inovador. Vários estudos mencionam o "tempo para pensar" como um dos fatores mais subestimados na promoção da inovação e na solução de problemas no ambiente de trabalho.

Na prática, isso pode se manifestar como erros evitáveis no trabalho, geralmente ocasionados pelo cansaço, tensões nos relacionamentos devido à falta de tempo para comunicação significativa, ou mesmo o burnout, de que já falamos.

Compreender esses pontos permite que você se torne um gestor mais eficaz do próprio tempo. Em vez de enxergá-lo como um adversário implacável, você pode começar a percebê-lo como um recurso precioso a ser utilizado de maneira inteligente e alinhada ao seu ritmo biológico natural.

Protocolo de autogestão do tempo

Manhã: acorde com calma

Tente começar o dia sem pressa. Reserve os primeiros minutos acordado para si mesmo. Você pode meditar, se alongar ou apenas respirar fundo e se preparar mentalmente para o dia usando as muitas sugestões dos protocolos anteriores. Esse é um tempo de qualidade para você usar antes de começar a atender às demandas do dia.

Planeje seu dia. Anote as tarefas importantes que precisam ser feitas e estabeleça prioridades.

Foco máximo

Práticas sugeridas: concentre-se nas tarefas mais importantes e exigentes do dia. O início do dia é o momento em que a maioria das pessoas atinge o potencial máximo de energia mental, então aproveite para trabalhar em projetos que requerem mais concentração.

Uma boa dica é usar a técnica Pomodoro — 25 minutos ininterruptos de trabalho focado seguidos de uma pausa de cinco minutos — para evitar o esgotamento mental.

Tarde: recuperação e recarga

Faça uma pausa para almoçar. Esse não é apenas um tempo para alimentar o corpo, mas também para dar um descanso à mente. Aproveite para fazer uma caminhada curta. A atividade física ao ar livre ajuda a recarregar as baterias e aumenta a produtividade no período da tarde.

Tempo para as tarefas menos exigentes

Realize tarefas que exigem menos concentração ou que sejam mais burocráticas, como responder a e-mails e mensagens de WhatsApp (sim, você não deve ficar verificando suas mensagens de cinco em cinco minutos, e sim ter um momento específico do dia para isso!), organizar sua mesa de trabalho ou fazer reuniões.

Reserve esse tempo para tarefas pessoais, como fazer ligações, marcar consultas médicas ou planejar o cardápio da semana.

Descompressão consciente

Faça um balanço do seu dia. Anote o que foi realizado e o que precisa ser transferido para o dia seguinte. Além disso, defina um horário para terminar o trabalho (por exemplo, às 17 horas se você começou às 8 horas) e respeite-o. É essencial ter um tempo de qualidade reservado para a família e para o autocuidado.

***

> Lembre-se de que este é um guia, não uma regra inflexível. A ideia é aprender a trabalhar em harmonia com o seu ritmo interno e com as demandas da sua vida em vez de se sentir escravo do relógio.

A neurociência da procrastinação: as razões científicas por trás da procrastinação e como podemos reprogramar nosso cérebro para sermos mais produtivos

A procrastinação é um dos comportamentos humanos mais comuns e pode ser particularmente prejudicial quando interfere em nossas responsabilidades pessoais e profissionais. Mas se sabemos que existem efeitos nocivos nesse comportamento, por que procrastinamos? A neurociência pode explicar isso.

De acordo com a pesquisa "Procrastination and self-regulatory failure"[23] [Procrastinação e falha autorregulatória], a procrastinação está relacionada à maneira como o nosso cérebro avalia as recompensas.

O córtex pré-frontal, que é responsável pelo pensamento complexo e pela tomada de decisões, é capaz de entender que uma tarefa precisa ser feita para um benefício a longo prazo. No entanto, o sistema límbico, que lida com emoções e recompensas imediatas, pode entrar

---

23 PYCHYL, T. A.; FLETT, G. L. **Procrastination and self-regulatory failure: An introduction to the special issue.** Journal of Rational-Emotive & Cognitive-Behavior Therapy, v. 30, n. 4, p. 203-212, 2012.

em conflito com essa avaliação, levando-nos a buscar gratificação instantânea em vez de realizar uma tarefa que pode não trazer uma recompensa imediata.

Por exemplo, você leu sobre o reset da sua saúde física e sobre a importância de movimentar seu corpo. O córtex pré-frontal entende que o exercício é vital para a saúde a longo prazo. Ele sabe que se você se exercitar regularmente, irá se sentir melhor, terá mais energia, e provavelmente viverá mais. No entanto, o sistema límbico não está interessado na saúde a longo prazo. Ele quer se sentir bem agora. Assim, quando chega a hora de se exercitar, o sistema límbico sugere que seria muito mais gratificante se sentar no sofá e assistir à sua série favorita. Pois é, não é um diabinho em miniatura sentado no seu ombro, é o seu cérebro que está levando você a procrastinar a atividade física.

Seu córtex pré-frontal também sabe que seguir uma dieta equilibrada trará benefícios de saúde a longo prazo, como a manutenção de um peso saudável e a prevenção de doenças crônicas. No entanto, ao se deparar com uma salada verde fresca e com um pedaço daquele pudim que está dando mole na sua geladeira, o sistema límbico pode instigar a busca pela recompensa imediata do sabor rico do pudim, levando à procrastinação das escolhas alimentares saudáveis.

Outro exemplo: suponha que você tenha um relatório importante para entregar na próxima semana. O córtex pré-frontal entende que começar o trabalho agora evitará estresse e correria de última hora; mas o sistema límbico, buscando gratificação instantânea, pode distraí-lo, fazendo com que você verifique as redes sociais, assista a um vídeo no YouTube ou realize qualquer outra atividade que traga satisfação imediata. Resultado? Procrastinação.

Esses são exemplos cotidianos que ilustram a luta entre o córtex pré-frontal e o sistema límbico e como essa luta pode levar você a procrastinar.

Há também outra parte do cérebro, a amígdala, que desempenha um papel importante na procrastinação. A amígdala é responsável pela nossa resposta ao medo e à ansiedade. Uma pesquisa realizada pelo professor Dean Mobbs[24] mostra que se uma tarefa parece assustadora ou estressante a amígdala pode instigar uma reação de "luta ou fuga", levando-nos a adiar a tarefa em favor de algo mais confortável ou menos ameaçador.

Então, como podemos reprogramar nosso cérebro para sermos mais produtivos? A chave está na criação de uma conexão mais forte entre o córtex pré-frontal e o sistema límbico. Uma maneira de fazer essa conexão é dividindo as tarefas em partes menores e de mais fácil gerenciamento, que resultam, quando concluídas, no que eu chamo de microssucessos.

Ao transformar um grande projeto em várias tarefas pequenas, reduzimos a sensação de sobrecarga que pode ativar a amígdala e levar à procrastinação.

Nós frequentemente subestimamos o poder dos pequenos passos, a magia dos microssucessos. É uma tendência humana fixar grandes metas. Ao mesmo tempo que não há nada de errado em almejar o alto, muitas vezes nos encontramos em situações em que as metas se tornam grandes demais para serem manejáveis no dia a dia. Isso pode facilmente nos deixar sobrecarregados e desmotivados.

No entanto, se adotarmos a filosofia que James Clear apresenta no livro *Hábitos atômicos*, sobre a qual já falamos, entenderemos

---

24 MOBBS, D. *et al*. **From threat to fear: The neural organization of defensive fear systems in humans.** Journal of Neuroscience, v. 29, n. 39, p. 12236-12243, 2009.

que pequenas ações realizadas todo dia podem resultar em grandes mudanças a longo prazo. Pequenos, mas consistentes investimentos de tempo e esforço culminam em retornos significativos com o passar do tempo. Com foco na construção de microssucessos diários, e não em grandes vitórias esporádicas, começamos a desenvolver uma base sólida para mudanças duradouras.

Um microssucesso diário pode ser tão simples como completar uma tarefa específica, reservar tempo para o autocuidado ou manter uma promessa feita a si mesmo. Cada um desses microssucessos tem o poder de proporcionar uma sensação imediata de realização e progresso, que por sua vez é fundamental para manter a motivação.

Quantas vezes você já começou um projeto que era importante em sua vida e não conseguiu terminá-lo porque empacou no meio do caminho? Pois volte no passado e observe: será que suas metas não eram grandes demais? É provável que sim. E quando você demorou para conseguir dar o próximo passo, acabou ficando desmotivado. Aí está a magia dos microssucessos: quando percebemos que estamos progredindo, mesmo que lentamente, nos sentimos mais incentivados a continuar em nossa jornada.

Mas não é só isso. Os microssucessos contribuem para a construção da autoconfiança. Cada pequena vitória é um lembrete de que somos capazes e competentes. Ao celebrarmos os microssucessos, não só melhoramos nossa percepção de progresso, como também fortalecemos a crença em nossa capacidade de enfrentar desafios maiores. Por fim, os microssucessos se somam, e antes que você perceba terá feito um progresso significativo em direção às suas metas.

Lembre-se de que toda grande realização é apenas o resultado final de muitos pequenos passos. A magia dos microssucessos está na capacidade que todos temos de transformar grandes sonhos em realidades concretas, um passinho de cada vez.

Outra estratégia que você pode usar para evitar a procrastinação é a técnica do "se-então", que envolve planejar com antecedência uma resposta a uma situação potencial de procrastinação. Por exemplo: "*Se eu sentir vontade de verificar as redes sociais, então vou dedicar cinco minutos para meditar.*" Foi comprovada em estudos a eficácia dessa técnica na melhoria da autodisciplina e na redução da procrastinação.

Peter M. Gollwitzer discute o conceito de "intenções de implementação", que consiste em planos específicos que as pessoas fazem sobre onde, quando e como elas vão agir em determinadas situações.[25] A técnica do "se-então" é um exemplo de intenção de implementação. Gollwitzer descobriu que esses planos simples podem ter efeitos poderosos e ajudar as pessoas a atingir seus objetivos.

Finalmente, é importante tratar a si mesmo com compaixão. Sim, mais uma vez a autocompaixão aparece por aqui como uma ferramenta essencial do seu reset de vida.

Uma pesquisa realizada por Fuschia Sirois[26] mostrou que a autocompaixão pode ajudar a reduzir a procrastinação, pois ela nos permite lidar com as falhas e os contratempos de forma mais positiva, sem cair na armadilha do perfeccionismo. Isso, por sua vez, pode ajudar a melhorar a produtividade e o bem-estar geral.

* * *

---

25 GOLLWITZER, P. M. **Implementation intentions: Strong effects of simple plans.** American Psychologist, v. 54, n. 7, p. 493-503, 1999.
26 SIROIS, F. M. **Procrastination and stress: Exploring the role of self-compassion.** Self and Identity, v. 13, n. 2, p. 128-145, 2014.

Lembre-se: entender a neurociência por trás da procrastinação não é apenas uma questão acadêmica, mas também uma ferramenta poderosa que pode nos ajudar a alcançar nossos objetivos e a superar barreiras que dificultam nossa produtividade.

Protocolo antiprocrastinação

Manhã: combate à procrastinação

Planejamento dos microssucessos: comece o dia avaliando seus projetos e suas tarefas maiores e mais complexas. Divida-as em partes menores e mais fáceis de serem geridas para evitar o sentimento de sobrecarga. Por exemplo, se você tem um projeto grande no trabalho, determine qual é o primeiro passo que você pode dar hoje para progredir. Ao ver tarefas menores e mais objetivas na sua lista, você se sentirá mais confiante e menos propenso à procrastinação.

Com base nos microssucessos levantados, selecione os cinco mais importantes para hoje, ou os seus "5MS" do dia, além de metas pequenas e atingíveis que o ajudarão a avançar em direção aos seus objetivos maiores. Coloque seus 5MS na agenda e distribua-os por horário, considerando o tempo necessário para a realização de cada um deles.

Ao adotar essa prática, você vai aplicar o conceito de juros compostos aos seus hábitos diários. Pequenos sucessos diários se somarão e trarão um impacto significativo a longo prazo em sua produtividade e em seu bem-estar.

Técnica do "se-então"

Planeje antecipadamente uma resposta para potenciais situações de procrastinação. Escreva declarações do tipo "se-então" para as suas maiores distrações. Por exemplo: "Se eu sentir vontade de verificar as redes sociais, então vou fazer uma pausa de cinco minutos para tomar um café e respirar fundo antes de voltar ao trabalho."

Noite: celebração e registro dos microssucessos

Celebração dos microssucessos: no final do dia, reserve um momento para refletir sobre os microssucessos que você alcançou. Eles podem ser pequenas coisas, como completar uma tarefa que você vinha adiando, conseguir se dedicar a uma atividade de autocuidado, ou até mesmo manter-se fiel ao seu protocolo de gestão de tempo durante o dia.

Registre seus microssucessos: mantenha um diário de microssucessos. Escreva sobre cada um deles e sobre como você se sentiu ao atingi-los. Essa prática irá ajudá-lo a reconhecer e celebrar o seu progresso, reforçando a sua autoconfiança.

O dia todo: prática de autocompaixão

Não se esqueça de que todos temos dias em que somos menos produtivos do que gostaríamos. Quando isso acontecer, em vez de se criticar, tente se tratar com compaixão. Reconheça que você é humano e que está fazendo o seu melhor. Pratique algum tipo de cuidado pessoal, como meditação, yoga, ou até mesmo um momento de quietude para recarregar suas energias.

***

Não se esqueça de que este protocolo é projetado para ajudá-lo a iniciar o dia com foco e determinação, reduzindo a tendência à procrastinação. O objetivo não é eliminar completamente a procrastinação da sua vida, mas sim gerenciá-la de forma eficaz para que ela não se torne um obstáculo para a sua produtividade.

A regra dos dois minutos: uma técnica simples, mas poderosa, que ajudará você a parar de adiar tarefas e projetos importantes

A regra dos dois minutos é uma técnica simples, mas poderosa, para combater a procrastinação. Popularizada por David Allen em seu livro *A arte de fazer acontecer*, a ideia central dessa regra é que se uma tarefa leva dois minutos ou menos para ser concluída, essa tarefa deve ser feita imediatamente!

Eu gosto de pensar que se é algo assim tão rápido de resolver, não é possível que você vá deixar isso para o "você do futuro" fazer. Afinal de contas, pode ser que sua versão do futuro esteja muito mais cansada e indisposta do que você está agora, com uma dor de cabeça, por exemplo, ou pode ser que no futuro você esteja muito mais ocupado, ou até mesmo que surja uma emergência bem mais importante do que essa tarefa, como um filho doente.

Em primeiro lugar, essa regra explora o conceito de inércia psicológica. De acordo com teorias da física, um objeto em movimento tende a permanecer em movimento. Segundo estudos de David T. Neal[27] sobre como nossos hábitos guiam nossos comportamentos, o mesmo acontece com nossas ações — uma vez que começamos uma tarefa, é muito mais provável que continuemos a fazê-la. Ao começar nossas atividades com tarefas de dois minutos, estamos criando o impulso inicial necessário para nos manter em movimento e completar tarefas maiores.

---

[27] NEAL, D. T.; WOOD, W.; LABRECQUE, J. S.; LALLY, P. **How do habits guide behavior? Perceived and actual triggers of habits in daily life.** Journal of Experimental Social Psychology, v. 48, n. 2, p. 492-498, 2012.

Tomemos um exemplo prático. Se você precisa ajudar seus filhos a fazer a lição de casa, mas tem dificuldade em iniciar essa tarefa, comece com algo que demore apenas dois minutos, como organizar os materiais de estudo. Uma vez que tenha iniciado, é muito mais provável que você continue e conclua a tarefa.

Outro exemplo: se você quer começar a se exercitar regularmente, mas acha a tarefa muito difícil, comece com apenas dois minutos de exercícios leves. À medida que você se habitua a se mover, poderá aos poucos aumentar a duração do exercício.

A regra dos dois minutos também é bastante útil para tarefas que temos que fazer repetidamente e que tendemos a adiar, como responder a e-mails ou fazer a cama. Em vez de deixar essas tarefas se acumularem, lidar com elas agora mesmo economiza tempo e reduz o estresse a longo prazo.

Em suma, a regra dos dois minutos é uma ferramenta poderosa para superar a procrastinação. Ela nos ajuda a começar tarefas que provavelmente adiaríamos, cria impulso e facilita a realização de tarefas maiores. Assim, podemos aumentar nossa produtividade e reduzir o estresse.

Protocolo da regra dos dois minutos

Manhã: impulso para o dia

Na primeira hora do seu dia, concentre-se nas tarefas matinais que levam dois minutos ou menos. Isso pode incluir fazer a cama, escovar os dentes, ou preparar uma xícara de café. Começar o dia com essas pequenas tarefas pode criar um sentimento de realização e fornecer o impulso necessário para que você realize tarefas mais complexas ao longo do dia.

Tempo para as tarefas rápidas

Reserve um período da manhã para fazer tarefas rápidas relacionadas ao trabalho. Você pode responder a um e-mail importante, organizar a mesa de trabalho ou planejar a agenda do dia. Aproveite o pico de energia que muitos de nós sentimos durante a manhã para iniciar essas atividades.

Tarde: movimento corporal

Prática sugerida: durante a tarde, quando muitos de nós experienciamos uma queda de energia, aplique a regra dos dois minutos para tarefas físicas. Você pode esticar-se brevemente, dar uma volta rápida, ou fazer um lanche saudável. Isso não só vai ajudá-lo a recuperar o foco, mas também fará com que você cumpra o objetivo de manter-se fisicamente ativo durante o dia.

***

Lembre-se: o principal objetivo da regra dos dois minutos é tornar mais fácil o ato de começar uma tarefa. Uma vez iniciada a tarefa, é muito mais provável que você continue até terminá-la, mesmo que dure mais de dois minutos. A chave é superar essa inércia inicial que muitas vezes leva à procrastinação.

O poder da priorização: como identificar o que realmente importa

Saber priorizar é uma habilidade crucial para a gestão eficaz do seu tempo e para a sua produtividade, e significa identificar o que realmente importa em sua vida e alocar adequadamente o seu tempo no desenvolvimento de atividades de diferentes áreas. Não se trata apenas de fazer tudo de forma mais rápida, mas de colocar seu foco nas coisas certas que trazem a você maior retorno e satisfação.

A ideia de priorização é central para o princípio da "lei de Pareto", ou "regra 80/20", que afirma que 80% dos nossos resultados vêm de 20% das nossas ações. Isso significa que focar as tarefas certas — aquelas que geram a maioria dos resultados — pode ter um impacto significativo na sua produtividade e satisfação.

Para entender como isso funciona na prática, vamos tomar como exemplo uma mãe trabalhadora. Talvez ela se sinta sobrecarregada com todas as tarefas que precisa realizar em casa e no trabalho. No entanto, se ela parar para identificar as atividades que trazem mais satisfação e resultados, como passar tempo de qualidade com a família ou concluir um projeto importante no trabalho, será possível dedicar mais tempo a essas atividades, o que por sua vez trará mais realização e menos estresse.

Um estudo de Whillans, Dunn, Smeets, Bekkers e Norton[28] mostra que gastar dinheiro para economizar tempo pode aumentar a satisfação com a vida. Isso sugere que delegar ou terceirizar tarefas de baixo valor pode liberar mais tempo para você se concentrar no que é prioridade.

Por exemplo, muitas mulheres se sentem sobrecarregadas com a constante necessidade de limpar a casa. Contratar alguém para fazer esse serviço de limpeza pode liberar algumas horas a cada semana, de modo que esse tempo seja usado para se concentrar em tarefas de

---

28 WHILLANS, A. V.; DUNN, E. W.; SMEETS, P.; BEKKERS, R.; NORTON, M. I. **Buying time promotes happiness.** Proceedings of the National Academy of Sciences, v. 114, n. 32, p. 8523-8527, 2017.

maior valor, como passar tempo de qualidade com a família, trabalhar em um projeto importante ou cuidar de si mesmo.

Preparar refeições saudáveis pode consumir muito tempo, especialmente se você estiver cozinhando para uma família inteira (aqui, por exemplo, são quatro filhos!). Considere contratar ajuda, usar um serviço de entrega de refeições saudáveis ou um serviço de entrega de compras de supermercado para economizar tempo.

Se você estiver sobrecarregado com tarefas administrativas ou com tarefas que consomem muito tempo em seu trabalho, considere contratar uma assistente virtual. Elas podem ser responsáveis por agendamentos, organização de e-mails, gerenciamento de mídias sociais, entre outras tarefas.

A ideia aqui não é que todas essas tarefas sejam terceirizadas, mas destacar que existem opções disponíveis para ajudar você a gerenciar o tempo de maneira mais eficaz. O objetivo é identificar as tarefas que estão consumindo a maior parte do seu tempo, mas que não estão necessariamente contribuindo para seus principais objetivos ou satisfação, e procurar maneiras de delegar ou terceirizar essas tarefas quando for possível e adequado.

A neurociência também apoia a ideia de priorização. Nosso cérebro não é projetado para multitarefas, e tentar fazer muitas coisas ao mesmo tempo pode na verdade reduzir a produtividade, conforme comprovou Adam Gazzaley em estudo publicado na MIT Press.[29] Portanto, colocar seu foco em uma tarefa de cada vez pode resultar em um trabalho de melhor qualidade e em maior satisfação pessoal.

---

29 GAZZALEY, A.; ROSEN, L. D. **The Distracted Mind: Ancient Brains in a High-Tech World.** MIT Press, 2016.

A priorização é uma ferramenta poderosa para a gestão do tempo e da produtividade. Não se trata apenas de trabalhar duro, mas de trabalhar de forma inteligente, concentrando-se nas tarefas que trazem mais benefícios e satisfação.

> ## Protocolo do poder da priorização
>
> ### Manhã: planejamento e priorização
>
> Já combinamos que você vai iniciar o dia com uma sessão de planejamento, revisando sua lista de tarefas e identificando até cinco principais microssucessos que terão o maior impacto no seu dia e que serão prioritários. Lembre-se da regra 80/20, a qual diz que 80% dos resultados vêm de 20% das ações.
>
> ### Tropa de elite
>
> Dedique um período da manhã para se concentrar na sua principal prioridade do dia. Esse é geralmente o momento em que as pessoas estão mais alertas e produtivas. Desligue as notificações e evite distrações para poder se concentrar por inteiro na tarefa em questão.
>
> ### Tarde: pausa para avaliação
>
> De preferência no início da tarde, faça uma breve pausa para avaliar seu progresso. Se já completou a sua principal prioridade do dia, ótimo! Se não, ajuste sua programação conforme o necessário para garantir que essa tarefa seja concluída.
>
> ### Noite: revisão do dia
>
> Já combinamos nos protocolos anteriores que você fará ao final do dia uma revisão, anotando tudo que conseguiu reali-

zar e reconhecendo os seus esforços. Reserve alguns minutos no fim do dia para começar a pensar sobre as prioridades do dia seguinte. Essa prática ajudará você a manter o foco nas tarefas mais importantes e contribuirá para uma maior satisfação pessoal e produtividade.

***

Lembre-se: a ideia principal é focar as atividades de alto valor. Priorize qualidade, e não quantidade. Em vez de tentar fazer tudo, concentre-se no que realmente importa para você e no que trará os resultados mais significativos.

Capítulo 5
O reset da organização

*Para cada minuto gasto na
organização, uma hora é ganha.*

BENJAMIN FRANKLIN

Há alguns anos, tive uma cliente chamada Tatiana. Ela era uma artista talentosa, mãe de dois filhos, mas sua casa parecia um campo de batalha. Desenhos e projetos de arte se espalhavam por todos os cantos, a louça se acumulava na pia e a área de serviço e lavanderia parecia ter vida própria. Ela sempre dizia: "Vou organizar isso amanhã", mas esse amanhã nunca chegava. Tatiana, como muitas de nós, estava afogada no caos da própria vida. Até que um dia ela decidiu dar um reset em sua habilidade de organização. Essa mudança, aparentemente externa, teve um impacto profundo na vida de Tatiana, que refletiu inclusive no bem-estar de seus filhos.

O caos visual no ambiente em que vivemos pode afetar negativamente nossa capacidade de focar e de processar informações. Um estudo publicado por Sabine Kastner[30] mostra que a desordem

---

30 KASTNER, S.; PINSK, M. A.; DE WEERD, P.; DESIMONE, R.; UNGERLEIDER, L. G. **Increased Activity in Human Visual Cortex during Directed Attention in the Absence of Visual Stimulation.** Neuron, 2000.

visual pode competir pela atenção cognitiva, tornando mais difícil a concentração e a conclusão de tarefas de modo eficiente.

O estudo sugere que a clareza do ambiente visual no qual uma pessoa trabalha pode afetar diretamente sua habilidade de realizar tarefas que exigem concentração e foco, já que nossa atenção é seletiva.

Assim, "limpar a bagunça" vai além de um simples capricho estético; trata-se de criar um espaço que apoia o bem-estar cognitivo e a eficácia da tarefa. Ou seja, uma casa ou um escritório desorganizado podem, de fato, ser obstáculos para a produtividade e até mesmo para o bem-estar mental.

Então, como podemos reverter esse cenário? A resposta é simples: se você fizer da organização uma tarefa administrável, e até mesmo prazerosa, em vez de assustadora, poderá ter mais controle sobre sua vida e suas metas. E aqui está a boa notícia: o reset da organização é completamente possível, e vou lhe mostrar.

Ao final deste capítulo você terá uma compreensão mais profunda da ciência que existe por trás da desorganização e da organização. Além disso, você deterá as ferramentas necessárias para começar a organizar sua vida de maneira prática e eficaz por meio do método de organização RESET. E, sobretudo, você aprenderá a transformar a organização em um hábito sustentável.

Para começar, quero que você dê um pequeno passo. Identifique uma área da sua vida que você sente que está desorganizada — pode ser sua casa, seu escritório, seu guarda-roupas ou até mesmo sua agenda. Depois, comprometa-se a aplicar as lições deste capítulo a essa área. Esse é o seu primeiro passo em direção ao reset da organização.

Desmistificando a organização: como redefinir nosso entendimento sobre organização, tornando-a mais acessível e menos assustadora

Muitas vezes, organizar parece ser uma tarefa monumental. É como se precisássemos de uma varinha mágica ou da habilidade de um super-herói para colocar nossa vida em ordem. Mas, no fundo, a organização não é uma montanha intransponível ou uma arte perdida: é um conjunto de habilidades que podemos aprender e aprimorar.

O primeiro passo para desmistificar a organização é entender que ela é relativa e individual. O que é organizado para um pode não ser para outro. Não estamos buscando a perfeição ou uma padronização, mas a funcionalidade.

Se você nunca levou jeito para organizar nada, tenho uma ótima notícia: Julie Morgenstern, uma especialista em organização conhecida internacionalmente, explica que "a organização não é uma habilidade inata, mas uma habilidade aprendida". Isso significa que podemos, de fato, adquirir e aprimorar habilidades de organização ao longo do tempo. Sim, você também pode!

Um estudo conduzido por Moshe Bar[31] argumenta que o cérebro é um sistema proativo que busca constantemente prever o ambiente ao seu redor para minimizar a incerteza. A capacidade de prever ajuda o cérebro a processar informações com mais eficiência e facilita a nossa interação com o mundo.

Além disso, vários estudos em neurociência e psicologia demonstraram que situações previsíveis são processadas de forma mais

---

31 BAR, M. **The proactive brain: using analogies and associations to generate predictions.** Trends in Cognitive Sciences, v. 11, n. 7, p. 280-289, 2007.

eficiente pelo cérebro do que situações imprevisíveis. Isso ocorre porque a previsibilidade permite que o cérebro aloque recursos de processamento com maior eficácia.

Quando nosso ambiente é desorganizado, a quantidade de estímulos que competem pela nossa atenção aumenta, sobrecarregando nosso cérebro. Ao aprender a organizar, estamos de fato trabalhando em harmonia com nosso cérebro em vez de contra ele.

Outra coisa importante a se lembrar é que a organização não é uma tarefa única, mas um processo contínuo. Como a vida é dinâmica, a organização também deve ser. O que funciona hoje pode não funcionar amanhã; o que funcionava quando você estava solteiro pode não funcionar se você estiver casado; o que funcionava quando você não tinha filhos pode não funcionar se agora você tem, e está tudo bem. A chave é manter a flexibilidade. Como ensina Peter Drucker, um pioneiro na teoria da administração, "a organização deve ser flexível".

Um exemplo prático pode ser a organização do quarto de uma criança. Em vez de criar um sistema complexo e rígido que a criança não consegue seguir, simplifique. Crie categorias amplas para brinquedos, livros e roupas, e permita que a criança participe do processo de organização. Assim, ela entenderá o sistema e, muito mais provavelmente, irá mantê-lo.

E lembre-se de que o objetivo não é ter um quarto que pareça uma página de revista, mas um espaço que funcione para a criança e para você. Precisamos urgentemente parar de viver nossa vida usando como régua as casas, famílias, bens e corpos da mídia, de influencers ou de artistas nas redes sociais. Faz parte do trabalho dessas pessoas aparentar perfeição 100% do tempo. Graças a Deus, esse não é o nosso caso, então vamos aproveitar e celebrar o nosso direito à imperfeição!

A organização não é algo para temer ou evitar. Trata-se de um conjunto de habilidades que podemos aprender e que, no final das contas, podem facilitar nossa vida e trazer um sentimento de paz e controle. Então, vamos redefinir nossa perspectiva sobre organização e dar o primeiro passo em direção ao reset.

Protocolo para desenvolver a habilidade de organização

Manhã: visualização do dia

Comece o dia utilizando de cinco a dez minutos para praticar a visualização. Essa prática envolve sentar-se calmamente, fechar os olhos e imaginar como você gostaria que o dia se desenrolasse. Isso pode envolver visualizar tarefas importantes que você precisa realizar, como gostaria de organizar seu tempo, como gostaria de se sentir e quais são suas metas de organização para o dia.

Tarde: ação focada

Escolha uma tarefa de organização que você deseja realizar. Pode ser algo simples, como limpar sua mesa de trabalho, organizar uma gaveta ou planejar sua agenda para o próximo dia. Dedique-se a essa tarefa por pelo menos 15 minutos. Lembre-se de que o objetivo não é terminar tudo de uma vez, mas progredir de forma constante e consistente. Você não está "matando trabalho" enquanto faz essa atividade. Entenda que se organizar também faz parte do seu trabalho.

> **Noite: reflexão e planejamento**
>
> Antes de terminar o dia, reserve um momento para refletir sobre o que você conseguiu concretizar. O que funcionou? O que poderia ter sido feito de forma diferente? Use essa reflexão para planejar suas metas de organização para o dia seguinte. Anote em um caderno ou em um aplicativo de tarefas as ações que deseja realizar no próximo dia.

A neurociência da desordem: como nosso cérebro reage à desorganização, e como podemos usar isso a nosso favor

Você já sentiu sua mente "embaçada" quando estava em um ambiente bagunçado? Bem, você não está sozinho. Há uma crescente compreensão no campo da neurociência de que a desorganização pode afetar negativamente nosso estado mental e cognitivo.

Já vimos que a desordem física em nosso ambiente pode competir por nossa atenção, levando a uma diminuição do desempenho e ao aumento do estresse. Em termos simples, quando nosso ambiente é desorganizado, há mais estímulos competindo por nossa atenção, o que pode nos sobrecarregar e dificultar o foco.

Um estudo conduzido por Darbe Saxbe[32] revela que famílias que vivem em casas desordenadas apresentam níveis mais elevados de cortisol, o hormônio do estresse, sobretudo as mulheres. Isso sugere que a desorganização não apenas nos faz sentir estressados, como também pode ter efeitos fisiológicos concretos.

---

32 SAXBE, D. E.; REPETTI, R. **No Place Like Home: Home Tours Correlate With Daily Patterns of Mood and Cortisol.** Personality and Social Psychology Bulletin, v. 36, n. 1, p. 71-81, 2010.

Mas, na prática, o que isso significa para nós? Primeiro, é necessário entender que a organização não é apenas uma questão estética, mas um problema que envolve saúde mental e bem-estar. Ao tornar nosso ambiente mais organizado, podemos reduzir o estresse e aumentar nosso foco e nossa produtividade.

Um exemplo prático pode ser a mesa de trabalho. Se ela estiver desorganizada, cheia de papéis, canetas e itens sem uso, nosso cérebro pode facilmente se distrair e se sentir sobrecarregado. Ao organizar a mesa, porém, removendo itens desnecessários e categorizando os itens restantes de maneira lógica, podemos criar um ambiente de trabalho mais calmo.

Além disso, a organização pode se tornar uma ferramenta ativa de autogestão e autorregulação. Ao reconhecermos que o caos físico pode levar ao caos mental, podemos usar a organização como uma forma de cuidado pessoal e gestão do estresse.

> ## Protocolo para aprender a lidar com a desordem por meio da neurociência
>
> Este protocolo é projetado para ajudá-lo a compreender e a gerenciar a forma como seu cérebro reage à desorganização, e para que você utilize esse conhecimento a seu favor. As práticas sugeridas são fáceis de implementar ao seu cotidiano e destinadas a proporcionar um maior controle sobre seus ambientes físico e mental.
>
> ### Manhã: purificação matinal
> Antes de começar a trabalhar ou fazer suas tarefas, escolha uma área de sua casa para "purificar" — pode ser uma mesa

de trabalho, uma gaveta da cozinha, um armário. Dedique de dez a 15 minutos para arrumar e organizar essa área. Elimine o que não é necessário e organize o restante de forma lógica. Isso irá ajudá-lo a começar o dia com um sentimento de ordem e controle.

Tarde: pausa para arrumação

Durante o dia, especialmente se estiver trabalhando em casa, faça uma pausa de 15 minutos para arrumar o espaço em que está trabalhando. Recolha papéis, organize seus utensílios de trabalho, limpe qualquer bagunça que tenha se acumulado. Isso irá ajudá-lo a manter o foco e reduzir a sobrecarga sensorial que pode ocorrer em um ambiente desorganizado.

Noite: ritual de preparação

Antes de ir para a cama, dedique um tempo para se preparar para o dia seguinte. Isso pode envolver a organização de sua agenda, a escolha da roupa que você irá usar (seu eu do futuro agradecerá muito por essa gentileza, especialmente se ele perder a hora!) ou a verificação de seu ambiente de trabalho, garantindo que ele esteja limpo e organizado para o início produtivo do dia. Essa prática pode ajudá-lo a reduzir a ansiedade e proporcionar um sentimento de estar preparado e com a situação sob controle.

O método de organização RESET: uma abordagem prática e um passo a passo para você começar a organizar sua vida

O método de organização RESET é uma abordagem prática e gradual para organizar a vida. Com base em princípios da psicologia comportamental e do design de sistemas, o RESET visa tornar a organização acessível e sustentável, não importa quão desorganizada sua vida possa parecer agora.

As etapas do método dizem respeito às palavras que formam o acrônimo RESET: Reconhecer; Eliminar; Sistematizar; Estabelecer; Treinar.

Reconhecer: esta é a fase da aceitação. É aqui que você reconhece a necessidade de organização e se compromete a fazer as mudanças necessárias. Uma pesquisa feita por J. O. Prochaska[33] sobre como as pessoas mudam mostrou que o primeiro passo para a mudança é a conscientização e a aceitação da situação atual. Reconhecer que você precisa de mais organização em sua vida é o primeiro passo para o progresso.

Eliminar: agora é hora de se livrar do excesso. Isso pode incluir a resolução da desordem física, com a retirada de itens desnecessários de sua casa, mas também tem a ver com a solução da desordem mental, que diz respeito, por exemplo, à reconsideração de compromissos que estão sobrecarregando você. Um estudo realizado

---

33 PROCHASKA, J. O.; DICLEMENTE, C. C.; NORCROSS, J. C. **In search of how people change. Applications to addictive behaviors.** American Psychologist, v. 47, n. 9, p. 1102-1114, 1992.

por Catherine Roster[34] mostrou que ter menos coisas, por exemplo, pode levar a uma maior sensação de bem-estar.

Sistematizar: nesta fase, você começará a implementar sistemas de organização. Isso pode incluir o uso de um sistema de gerenciamento de tempo, como o método de blocos de tempo ou o método Pomodoro, do qual já falamos, ou um sistema de organização física, como o método KonMari, da famosa organizadora Marie Kondo, autora do livro *A mágica da arrumação*. As pessoas são diferentes, então lembre-se de que aquilo que funciona para outra pessoa pode não funcionar para você: encontre o próprio sistema.

Estabelecer: depois de ter um sistema em vigor, agora é hora de estabelecer e se comprometer com essas práticas de organização. Isso pode incluir a criação de uma rotina diária de organização ou a elaboração de regras claras que contenham a desordem de sua casa. Não se esqueça de colocar tudo na agenda, pois o que não colocamos na agenda não acontece.

Treinar: por fim, a última fase envolve a prática e o aperfeiçoamento. Já vimos que a organização não é um talento inato, mas, sim, uma habilidade que pode ser desenvolvida. Assim como qualquer outra habilidade, a organização requer prática. Por isso, é necessário que você continue aperfeiçoando seus sistemas e práticas de organização, aprendendo com os erros e celebrando as vitórias.

Desse modo, o método de organização RESET representa uma abordagem prática e adaptável para organizar sua vida. Agindo pa-

---

34 ROSTER, C. A.; FERRARI, J. R.; JURKAT, M. P. **The dark side of home: Assessing possession 'clutter' on subjective well-being.** Journal of Environmental Psychology, v. 46, p. 32-41, 2016. Disponível em: https://www.sciencedirect.com/science/article/abs/pii/S0272494416300159

cientemente, você pode aprender a criar e a manter a ordem em sua vida, o que irá melhorar seu bem-estar e sua produtividade.

> ## Protocolo de aplicação do método de organização RESET
>
> Este protocolo indica uma maneira de incorporar o método de organização RESET na rotina diária. Ele é projetado para nos ajudar a desenvolver as habilidades necessárias para organizar a vida de modo eficaz.
>
> ### *Manhã: rotina de reconhecimento*
>
> Comece seu dia com um momento de reflexão. Durante esse tempo, reconheça qualquer área da sua vida ou do seu espaço que esteja precisando de mais organização. Pode ser útil anotar quais são essas áreas em um diário ou em um aplicativo de notas no seu celular para que você possa consultar futuramente.
>
> ### *Tarde: ação de eliminação*
>
> Reserve um momento, na metade do dia, para se concentrar na prática de eliminar o que é desnecessário. Você pode retirar objetos de uma área física, como uma gaveta de sua escrivaninha, ou excluir e-mails de sua caixa de entrada. Escolha um pequeno projeto para cada dia e se comprometa a executá-lo durante esse horário.
>
> ### *Sistematização e estabelecimento*
>
> Escolha uma hora para implementar e se comprometer com um sistema de organização. Pode envolver o que você identificou

> durante sua rotina de reconhecimento ou algo que tenha surgido ao longo do dia. Dedique esse tempo para implementar um novo sistema ou aprimorar um existente.
>
> ### *Noite: tempo de treinamento*
>
> Finalmente, reserve alguns minutos para refletir sobre o seu progresso e fazer ajustes conforme necessário. Isso pode incluir a reavaliação dos sistemas que você implementou ou a identificação de áreas em que você precise de mais prática. Esse também é um ótimo momento para celebrar as vitórias do dia!
>
> ***
>
> Lembre-se: o método de organização RESET é um processo, e não um evento único. É absolutamente normal que você leve tempo para se acostumar com essas práticas, torná-las um hábito e aperfeiçoá-las. Então, seja gentil consigo mesmo durante esse processo e comemore cada passo que você der em direção a uma vida mais organizada.

Criando hábitos sustentáveis de organização: como transformar a organização em um hábito que perdura

A criação de hábitos sustentáveis de organização é um processo que pode levar algum tempo e demandar esforço, mas trata-se de um investimento que vale a pena. Isso porque ter uma vida organizada não quer dizer apenas fazer uma grande limpeza ou reorganização de uma vez; é sobre manter esses esforços ao longo do tempo. O objetivo é transformar a organização em um hábito, e a ciência do comportamento nos oferece algumas dicas valiosas sobre como fazer isso.

O psicólogo B. J. Fogg, fundador do Laboratório de Tecnologia Comportamental da Universidade de Stanford, sugere que a formação de um novo hábito requer três elementos: um gatilho, uma rotina e uma recompensa. O gatilho é o que dá início ao hábito, a rotina é a ação que você realiza, e a recompensa é o benefício que você recebe ao executar a rotina.

Por exemplo, você pode criar o hábito de organizar sua mesa ao final de cada dia de trabalho. O gatilho, nesse caso, seria o fim do dia de trabalho, a rotina seria limpar e organizar sua mesa, e a recompensa poderia ser a satisfação de ter um espaço de trabalho limpo para começar o próximo dia. A chave é repetir essa sequência de gatilho, rotina e recompensa diariamente, até que ela se torne automática.

Charles Duhigg, autor do livro *O poder do hábito*, enfatiza a importância da recompensa na formação de novos hábitos. Ele sugere que a recompensa não só fornece um incentivo para repetir o comportamento, mas também ajuda nosso cérebro a codificar a sequência de ações como um hábito.

Além disso, a neurociência nos mostra que a repetição é uma parte crucial na formação de novos hábitos. Quando repetimos um comportamento várias vezes, fortalecemos as conexões neurais associadas a esse comportamento em nosso cérebro, tornando mais fácil e automática a execução da ação no futuro.

Portanto, para criar hábitos sustentáveis de organização, é útil identificar um gatilho que sinalize quando é hora de se organizar, criar uma rotina a ser seguida e, por fim, reconhecer e aproveitar a recompensa que vem com a realização da tarefa.

Capítulo 6
O reset da atenção e do foco

Onde está a sua atenção, está a sua vida.
Daniel Goleman

Vamos começar este capítulo com um pouco de história.

Em 1908, dois psicólogos, Robert Yerkes e John Dodson, propuseram uma teoria revolucionária que seria referência para futuras pesquisas em psicologia. A teoria, conhecida como lei de Yerkes-Dodson, sugere que há uma relação entre o nosso nível de estresse e o nosso desempenho. Eles concluíram que existe um ponto ótimo de tensão em que nossas habilidades atingem o pico. No entanto, quando o estresse se torna muito intenso ou prolongado, nosso desempenho começa a cair. Com isso, entender como gerenciar nossa atenção e nosso foco se torna uma ferramenta fundamental para equilibrar a tensão e, consequentemente, aumentar a produtividade.

Vamos pensar no exemplo de uma profissional que precisa preparar uma apresentação importante para o trabalho. Imagine que ela tenha uma semana para preparar a apresentação. No início, ela tem uma sensação moderada de estresse — o suficiente para motivá-la a começar a trabalhar. Esse é o ponto ótimo de tensão mencionado na lei de Yerkes-Dodson. O estresse funciona como um motivador, levando-a a concentrar-se na tarefa e a trabalhar de forma produtiva.

No entanto, à medida que o dia da apresentação se aproxima, seu estresse aumenta. Ela começa a se preocupar excessivamente com todos os detalhes e cenários possíveis, o que a leva a passar noites em claro trabalhando na apresentação. Nesse ponto, o estresse já não está mais melhorando seu desempenho — pelo contrário, está prejudicando sua capacidade de concentração e produtividade.

Esse exemplo ilustra como um nível saudável de estresse pode melhorar nosso foco e nossa produtividade, mas também como o estresse excessivo pode ter o efeito oposto. Portanto, é crucial aprender a gerenciar o estresse e manter nossa atenção para otimizar nosso desempenho.

Mas a questão é: como exatamente fazer isso? A resposta não é simples, e é aqui que entra o poder do reset.

Este capítulo vai lhe oferecer um novo olhar sobre o controle da atenção e do foco, apresentando maneiras diferentes de como lidar com as distrações e priorizar o que realmente importa em sua vida.

É essencial ressaltar que a melhora da sua atenção e da sua capacidade de ter foco não ocorrerá da noite para o dia. No entanto, com dedicação e comprometimento, aplicando as estratégias e práticas que vamos explorar neste capítulo, você poderá realizar seu reset pessoal e profissional. Afinal, o poder do reset está em suas mãos.

O impacto das emoções: a ligação entre nossas emoções e nossa capacidade de focar

As emoções desempenham um papel fundamental na nossa capacidade de concentração. Como já mencionado, o estresse extremo pode prejudicar nosso desempenho na realização de tarefas. Isso é especialmente relevante quando consideramos o impacto das emoções negativas, como ansiedade ou raiva, na nossa capacidade de focar. As emoções negativas podem nos levar a um estado de hiperfoco nas fontes dessas emoções, desviando nossa atenção de outras tarefas ou responsabilidades.

No entanto, é importante mencionar que as emoções não são meros obstáculos à concentração. De fato, elas podem atuar como poderosos catalisadores. Pesquisas mostram que emoções positivas, como alegria e interesse, podem expandir nossos recursos físicos, intelectuais e sociais.[35]

Por exemplo, se você se sentir feliz e interessado por um projeto que estiver realizando, é mais provável que mantenha a atenção nesse projeto e seja mais produtivo. Por outro lado, se você estiver se sentindo ansioso ou preocupado com algo, pode achar difícil manter o foco nesse mesmo projeto. Portanto, gerir nossas emoções se torna fundamental para melhorar nossa atenção.

Como, então, podemos utilizar esse conhecimento em nossa vida diária? Uma maneira prática e comprovada[36] é utilizar técnicas

---

35 FREDRICKSON, B. L. **What Good Are Positive Emotions?** Review of General Psychology, v. 2, n. 3, p. 300-319, 1998. Disponível em: https://doi.org/10.1037/1089-2680.2.3.300.
36 ARCH, J. J.; CRASKE, M. G. **Mechanisms of mindfulness: Emotion regulation following a focused breathing induction.** Behaviour Research and Therapy, v. 44, n. 12, p. 1849-1858, 2006. Disponível em: https://doi.org/10.1016/j.brat.2005.12.007.

de regulação emocional, como a respiração diafragmática ou a meditação, para reduzir os níveis de estresse e ansiedade. Ambas as técnicas têm o benefício de baixar os níveis de cortisol, o hormônio do estresse, melhorando assim o seu estado emocional. Com o tempo e a prática, essas ferramentas podem se tornar parte do seu arsenal diário de reset para lidar com os desafios da vida de uma forma mais calma e focada.

Além disso, atividades prazerosas, como passar um tempo de qualidade com a família, fazer exercícios físicos ou dedicar-se a um hobby, podem cultivar emoções positivas e, por sua vez, melhorar nosso foco.

Finalmente, é fundamental entender que todas as emoções têm seu lugar e valor. A chave não é evitar as emoções negativas, mas aprender a gerenciá-las de forma saudável. Porque, bem, nossas emoções não são apenas passageiras, elas são poderosas influências em nossa atenção e, por extensão, em nossa vida como um todo.

Protocolo para gerenciar as emoções e melhorar a atenção e o foco

Manhã: respiração diafragmática

Comece o dia com um exercício de respiração diafragmática. Esse exercício de respiração profunda pode ajudá-lo a reduzir o estresse e a ansiedade e criar um estado mental mais calmo para começar o dia. Sente-se confortavelmente, coloque uma das mãos no peito e a outra no abdômen. Inspire fundo pelo nariz, expandindo o abdômen, e expire pela boca, contraindo o abdômen. Repita esse processo por dez minutos.

Autopercepção emocional

Mais ou menos na metade da sua rotina matinal, faça uma pausa para avaliar suas emoções. Identifique como você está se sentindo e o que pode ter causado essas emoções. O reconhecimento consciente de suas emoções pode ajudá-lo a gerenciá-las com mais eficácia.

Tarde: tempo de qualidade

Reserve algum tempo à tarde para fazer algo de que goste. Você pode caminhar ao ar livre, ler um livro ou até mesmo colorir. Atividades que trazem prazer podem ajudá-lo a cultivar emoções positivas.

Noite: meditação para liberação do estresse

Antes de ir para a cama, pratique esta técnica simples e poderosa de meditação para liberar o estresse. Ela vai ajudá-lo a acalmar a mente, a reduzir o estresse e a aumentar a qualidade do seu sono.

Encontre um lugar tranquilo no qual você tenha certeza de que não será interrompido. Sente-se em uma posição confortável, com as costas retas. Feche os olhos e concentre-se na sua respiração. Quando inspirar, diga mentalmente: "Inspiro paz." Quando expirar, diga mentalmente: "Expiro estresse."

Se a sua mente começar a divagar, não se preocupe. Apenas traga o foco de volta à sua respiração. De início, continue por cinco minutos, aumentando aos poucos o tempo conforme for ficando mais confortável com a prática.

***

> Lembre-se: esse é apenas um exemplo de protocolo. Sinta-se livre para adaptá-lo às suas necessidades e ao seu estilo de vida. O importante é fazer um esforço consciente para gerenciar suas emoções e criar um ambiente propício para melhorar a atenção e o foco.

O poder das pausas: como as pausas estratégicas podem ajudá-lo a melhorar a atenção e a produtividade

Estamos em um mundo acelerado, no qual é comum acreditarmos que precisamos estar sempre ocupados para nos sentirmos produtivos e sermos vistos de forma positiva por outras pessoas. No entanto, estudos científicos mostram que as pausas estratégicas são uma ferramenta poderosa para melhorar a atenção e a produtividade.

Nosso cérebro não foi projetado para focar intensivamente por longos períodos sem pausas. Na verdade, pesquisas indicam que períodos curtos de descanso podem reabastecer nossas reservas de atenção e energia, melhorando assim nossa produtividade a longo prazo.

Um estudo publicado na revista *Cognition* em 2011[37] mostra que pausas breves podem aumentar significativamente o foco e o desempenho em tarefas. Além disso, um artigo publicado no *Journal of*

---

37 ARIGA, A.; LLERAS, A. **Brief and rare mental "breaks" keep you focused: Deactivation and reactivation of task goals preempt vigilance decrements**. Cognition, v. 118, n. 3, p. 439-443, 2011. Disponível em: https://doi.org/10.1016/j.cognition.2010.12.007.

Applied Psychology[38] concluiu que pausas durante o dia de trabalho podem revitalizar os trabalhadores e aumentar a produtividade ao invés de diminuí-la.

Um exemplo clássico disso é a técnica Pomodoro, desenvolvida por Francesco Cirillo nos anos 1980, de que já falamos. A técnica envolve a divisão do trabalho em blocos de 25 minutos, intercalados por breves pausas de cinco minutos. Após quatro blocos, é sugerida uma pausa mais longa, de 15 a trinta minutos. A ideia por trás disso é permitir que a mente descanse e se recupere, facilitando o foco e a concentração quando voltamos ao trabalho.

A pesquisa sobre a atenção seletiva realizada pelos professores Ariga & Lleras mostra que a atenção tem um limite e que, depois de um tempo focando uma tarefa, nosso desempenho começa a declinar.

Imagine que você esteja tentando se concentrar em um projeto de trabalho que tem um prazo apertado. Ao mesmo tempo, você está pensando em buscar os filhos na escola, preparar o jantar e responder a uma série de e-mails. Você tenta se concentrar na proposta, mas percebe que, depois de 45 minutos a uma hora, sua atenção começa a se dispersar e seu desempenho na tarefa cai. Isso ocorre porque sua atenção está chegando ao limite. Mesmo que você queira manter o foco, seu cérebro começa a cansar e a se distrair mais facilmente.

Nesse momento, em vez de forçar ainda mais o foco, você poderia aplicar o que aprendeu com os estudos de Ariga & Lleras e dar a si mesmo uma pausa mental breve, talvez se levantar e dar uma volta pelo jardim ou brincar rapidamente com os filhos, antes de retornar ao trabalho. Isso recarregaria sua atenção, tornando-o mais eficaz

---

[38] HUNTER, E. M.; WU, C. **Give me a *better* break: Choosing workday break activities to maximize resource recovery.** Journal of Applied Psychology, v. 101, n. 2, p. 302-311, 2016. Disponível em: https://doi.org/10.1037/apl0000045.

quando retomasse a tarefa. Essa pausa estratégica poderia ajudá-lo a manter um nível elevado de desempenho e fazer com que a qualidade do seu trabalho não sofresse uma queda.

Portanto, ao fazer uma pausa, estamos essencialmente dando um reset na nossa atenção e prevenindo a fadiga.

Na prática, isso significa levantar-se e fazer uma curta caminhada após um longo período de trabalho, praticar meditação consciente ou simplesmente mudar de ambiente. A ideia é dar ao seu cérebro uma pausa do foco intenso, permitindo que ele se recarregue e se prepare para a próxima tarefa.

Dessa forma, longe de ser um desperdício de tempo, as pausas estratégicas podem realmente melhorar nossa capacidade de manter a atenção, aumentar a produtividade e até mesmo melhorar nosso bem-estar. Portanto, da próxima vez que se sentir preso a uma tarefa, lembre-se: às vezes, a melhor coisa a se fazer é dar uma pausa.

Protocolo de pausas estratégicas

Manhã: a técnica Pomodoro

Comece a jornada de trabalho ou de estudos usando a técnica Pomodoro. Seja produtivo por 25 minutos ininterruptos e depois faça uma pausa de cinco minutos. Repita isso quatro vezes, e em seguida faça uma pausa mais longa de 15 a trinta minutos. Durante as pausas, dedique-se a algo que não esteja relacionado ao trabalho, estique-se, caminhe ou tome um chá.

Tarde: pausas ativas

No período da tarde, tente incorporar pausas ativas em sua rotina. Isso pode ser tão simples quanto levantar-se e caminhar

> por alguns minutos a cada hora. Essas pequenas pausas podem ajudá-lo a reenergizar o corpo e a mente.
>
> ### Noite: tempo de descanso consciente
>
> À noite, reserve algum tempo para uma atividade de descanso consciente. Você pode ler um livro, meditar ou ouvir música relaxante. O objetivo é dar à sua mente a oportunidade de se desligar do estresse do dia e recarregar as energias para o dia seguinte.
>
> ***
>
> Lembre-se: essas são apenas sugestões. A chave é encontrar o equilíbrio certo para você entre o trabalho e as pausas, e entender que dar um tempo para si mesmo é uma parte importante da manutenção do foco e, consequentemente, da produtividade.

Detox digital: o impacto da superexposição às tecnologias na nossa capacidade de concentração, e como um detox digital pode nos ajudar a recuperar o foco

Em um mundo cada vez mais digital, estamos constantemente expostos a uma enxurrada de informações e distrações. Esse excesso de exposição digital tem um impacto significativo na nossa capacidade de concentração. Abusar no uso de dispositivos digitais pode levar a uma capacidade reduzida de foco e a um aumento no estresse e na ansiedade.

A superexposição a tecnologias digitais significa que estamos quase sempre em modo multitarefas, dividindo nossa atenção entre diferentes atividades e informações. Essa prática de multitarefa digital tem sido associada a uma diminuição na habilidade de foco e na cognição e a um aumento na sensação de sobrecarga mental.[39]

Na prática, você pode ter notado que se sente mais disperso ou esgotado depois de passar muito tempo navegando nas redes sociais ou respondendo a e-mails. Esse é o efeito do excesso de exposição digital — ele nos puxa para fora do momento presente e fragmenta nossa atenção.

Eu mesma vinha sentindo isso antes de começar o meu reset, mas não fazia ideia de que uma grande parcela de meu esgotamento não tinha a ver com o desequilíbrio dos meus hormônios e com a falta de vitaminas e minerais, mas, sim, com o excesso de telas devido ao fato de eu trabalhar usando redes sociais.

Uma solução poderosa para esse problema é o detox digital, que envolve fazer uma pausa consciente no uso de tecnologia durante um período de tempo predeterminado. Esse período pode ser tão curto quanto uma hora por dia ou tão longo quanto um fim de semana inteiro (por exemplo, estou escrevendo este capítulo às 18 horas de um sábado e ainda não toquei no meu celular hoje!).

Durante um detox digital, você se abstém de usar todos os dispositivos digitais — smartphones, computadores, tablets, TV etc. Isso permite que sua mente faça uma pausa das constantes distrações digitais e possibilita que ela se reoriente e se reenergize.

Eu comecei meu detox digital assim que dei início ao meu reset de vida. Passei a me desconectar do celular às 18 horas e a voltar a

---

[39] WILMER, H. H.; SHERMAN, L. E.; CHEIN, J. M. **Smartphones and Cognition: A Review of Research Exploring the Links between Mobile Technology Habits and Cognitive Functioning.** Frontiers in Psychology, v. 8, 2017. Disponível em: https://www.frontiersin.org/articles/10.3389/fpsyg.2017.00605. DOI: 10.3389/fpsyg.2017.00605.

tocá-lo depois das 8 horas do dia seguinte, somente depois de ter realizado todas as práticas da minha rotina matinal: yoga, meditação, *journaling*, leitura e oração. Em seguida, passei a experimentar o detox aos finais de semana. Primeiro por algumas horas, depois por um dia inteiro.

Aos poucos, o celular foi voltando ao seu devido lugar: o de uma ferramenta de trabalho na qual não fazia o menor sentido tocar depois do horário de expediente. Afinal, do contrário, eu estaria trabalhando 24 horas por dia.

Logo no primeiro dia senti uma diferença: uma imensa paz tomou conta da minha mente à noite, depois de um longo, focado e produtivo dia de trabalho. Outras diferenças perceptíveis foram aparecendo rapidamente. Durante a noite, por exemplo, como eu já não usava o celular para me anestesiar após um dia massacrante cheio de atividades, passei a ter um novo tempo livre depois das 18 horas, quando desligava o celular, até as 21h30, quando ia dormir: três horas e meia livres na agenda de uma mãe de quatro filhos que, até pouco tempo, não conseguia nem sequer assistir a um seriado, pois estava sempre ocupada com alguma coisa.

Nitidamente, aquela "alguma coisa" que estivera me mantendo ocupadíssima nos últimos tempos tinha nome: celular. Agora que ele estava desligado, eu conseguia escrever todas as noites no meu diário, estudar, fazer aula de canto e ler tanto que chegava, às vezes, a terminar um livro inteiro em um dia.

Ah, vale dizer que, em poucos dias, consegui terminar de escrever um livro no qual vinha trabalhando há sete meses, projeto que estava empacado e sem progresso por... falta de tempo.

Para completar, a qualidade do meu sono melhorou muito, porque, afinal de contas, eu não estava mais exposta à luz azul até meu último minuto acordada, e assim não prejudicava minha produção de melatonina. Realmente, o detox digital estava fazendo milagres por mim.

Fazer um detox digital pode ter benefícios significativos para a atenção, a produtividade e o bem-estar. E esses benefícios aparecem bem rápido. Em apenas 24 horas, você perceberá melhorias consideráveis na sua concentração e produtividade.

Portanto, se você se sentir constantemente distraído e esgotado por conta da sobrecarga digital, considere incorporar o detox digital à sua rotina. Mesmo uma pequena pausa pode ter um impacto profundo na sua capacidade de foco.

Protocolo de detox digital

Manhã: tecnologia zero

Comece o dia com duas horas livres de tecnologia. Antes de pegar seu telefone ou abrir o notebook, dedique algum tempo para si mesmo, realizando as atividades propostas nos protocolos anteriores. Isso inclui praticar um pouco de meditação, fazer alguma atividade física, movimentar o corpo, ler um livro, ou simplesmente tomar uma xícara de café em silêncio.

Noite: desligamento digital

As últimas horas antes de dormir também devem ser um período livre de tecnologia. Especialmente a última hora, pois, como você já sabe, a luz azul emitida pelos dispositivos digitais pode interferir no nosso sono. Por isso, é melhor evitar a tecnologia durante esse período. Em vez de ficar diante de

> alguma tela, você pode ter um tempo de qualidade com a sua família, ler um livro, escrever em um diário, ou fazer alguns alongamentos suaves.
>
> ***
>
> É importante ter em mente que o detox digital não precisa ser um "tudo ou nada". Mesmo pequenas pausas na tecnologia podem ter um impacto positivo em sua capacidade de atenção. Comece com pequenos objetivos e aumente-os conforme você se sinta confortável. Lembre-se de que a intenção é criar um relacionamento mais saudável e consciente com a tecnologia, não eliminá-la completamente de sua vida.

O mindfulness e como ele pode ajudá-lo no manejo da sua atenção

Mindfulness, ou atenção plena, é uma prática que tem suas raízes em tradições budistas e que foi adaptada para o contexto ocidental nas últimas décadas. Como ensina Jon Kabat-Zinn, no núcleo da prática de mindfulness está o desenvolvimento de uma consciência focada e não julgadora do momento presente.

A atenção plena tem sido objeto de estudo da neurociência e da psicologia, que revelaram uma série de benefícios para a saúde física e mental. Entre esses benefícios, está a melhoria da atenção. Um estudo de 2007[40] constatou que a prática regular de mindfulness pode

---

40 JHA, A. P.; KROMPINGER, J.; BAIME, M. J. **Mindfulness training modifies subsystems of attention.** Cognitive, Affective, & Behavioral Neuroscience, v. 7, n. 2, p. 109-119, 2007. Disponível em: https://doi.org/10.3758/CABN.7.2.109. DOI: 10.3758/CABN.7.2.109.

aprimorar a capacidade de atenção e de foco, reduzindo a tendência à distração.

Por que isso acontece? A atenção plena ajuda a desenvolver a habilidade de focar intencionalmente a atenção em uma experiência, um pensamento ou um sentimento, sem julgá-los. Isso leva o indivíduo a um estado de sustentação da atenção, que se contrapõe às distrações e à fragmentação da atenção causada pela superexposição à tecnologia.

Imagine que você está em meio a um dia de trabalho intenso e percebe que sua atenção começa a se dispersar, seja por conta dos inúmeros e-mails na sua caixa de entrada, seja por problemas pessoais que o preocupam. Uma forma de usar a prática de mindfulness nesse contexto seria se permitir um momento de pausa, fechando os olhos e direcionando sua atenção à sua respiração. O simples ato de parar e respirar, observando cada movimento de inspiração e expiração, pode ajudar a recalibrar sua atenção, permitindo que você retorne às suas tarefas de maneira mais focada e produtiva.

Além disso, a prática de mindfulness também pode auxiliar você na gestão das emoções, tema que apresentei anteriormente neste capítulo. Ao observar as próprias emoções a partir de uma perspectiva não julgadora, é possível obter uma compreensão mais profunda sobre como elas influenciam nossa capacidade de concentração e foco.

Em resumo, a prática de mindfulness pode ser uma ferramenta poderosa para melhorar a atenção e o foco. Incorporar práticas simples de atenção plena no seu dia a dia pode resultar em uma capacidade aprimorada de focar, em um maior controle sobre suas emoções e, finalmente, em uma maior produtividade e satisfação.

Protocolo para integrar práticas de mindfulness na sua rotina diária

Manhã: meditação mindfulness

Comece o dia com dez minutos de meditação mindfulness. Sente-se confortavelmente, feche os olhos e foque sua respiração. Tente prestar atenção em cada inspiração e expiração, e se a mente começar a vagar, gentilmente traga a atenção de volta para a respiração.

Tarde: mindfulness na alimentação

Durante o almoço, pratique a atenção plena na alimentação. Evite distrações, como televisão ou celular, e realmente concentre-se na comida que está comendo. Preste atenção na aparência, no aroma, na textura e no sabor dos alimentos.

Noite: mindfulness na caminhada

Finalize o dia fazendo uma caminhada enquanto pratica mindfulness. Durante a atividade, preste atenção na sensação dos seus pés tocando o chão, no movimento do seu corpo, nos sons ao seu redor. Se a mente se distrair, delicadamente volte a atenção para as sensações do momento presente.

***

Lembre-se: a prática de mindfulness diz respeito à qualidade da atenção que você dedica a cada momento, e não a quanto tempo você dedica à atenção plena. Comece devagar e aumente de forma gradual o tempo que você passa praticando mindfulness a cada dia. Você pode se surpreender com o impacto positivo que essas práticas podem ter na sua atenção e no seu foco.

Capítulo 7
O reset da felicidade

A felicidade é a melhor maquiagem.

Drew Barrymore

A esta altura do livro espero que já tenha entendido que só você pode controlar a sua felicidade. Por outro lado, também sei que às vezes parece que a vida nos atropela, não é mesmo? Estudos apontam que a felicidade é 50% genética, 10% circunstâncias da vida e 40% controlada por nós mesmos. Isso significa que quase metade da nossa felicidade está sob nosso controle.

E se eu dissesse que você pode mudar o curso da sua vida e encontrar a felicidade genuína nas pequenas coisas do cotidiano? Sim, você pode reiniciar sua busca pela felicidade, e eu vou ajudá-lo a fazer isso.

A felicidade não aparece de repente, ela é algo que cultivamos. Comece por valorizar suas paixões pessoais e seus hobbies. Em seguida, redescubra a alegria nas pequenas coisas do dia a dia. Celebre os sucessos e recomeços. Por fim, lembre-se de priorizar a própria felicidade.

Para começar, reserve um tempo todos os dias para fazer algo que você ame. Preste atenção nas pequenas coisas que trazem alegria ao seu dia. Desligue o celular por pelo menos uma hora por dia e desfrute da tranquilidade que isso traz. Lembre-se: sua felicidade é importante. Então não espere a felicidade bater à sua porta, é hora de ir em busca dela!

A importância de cultivar hobbies e paixões pessoais: como melhorar o seu desempenho no trabalho e se sentir mais satisfeito com a vida

A importância de cultivar hobbies e paixões pessoais pode não parecer imediatamente óbvia, sobretudo quando estamos atolados nas demandas diárias da vida. No entanto, a ciência nos diz que os hobbies são vitais para o nosso bem-estar. A participação em atividades criativas fora do trabalho pode, inclusive, melhorar de forma substancial o desempenho dos funcionários em suas tarefas laborais. Mas como isso acontece?

Cultivar hobbies e paixões pessoais pode melhorar nosso humor, reduzir o estresse e servir como uma válvula de escape para a expressão criativa, o que é capaz de nos levar a uma maior satisfação com a vida. Talvez tenha sido exatamente isso que me impediu, até aqui, de ter os infartos e AVCs pré-programados no meu DNA, mesmo nos momentos de pico de estresse em minha carreira de advogada e, depois, de empresária.

Sempre fui uma pessoa de hobbies, desde pequena. Aos 7 anos, entediada, pedi para a babá me levar até um armarinho perto de casa, no qual havia aulas gratuitas de crochê. Comprei linha e agulha, e toda semana passava algumas horas com minhas novas colegas de 70 anos ou mais. Além do crochê, tive muitos outros hobbies ao longo da vida: tocar piano, cantar em coral, desenhar e pintar, costurar, bordar, fazer bijuterias, cozinhar e, lógico, o hobby dos hobbies de todo escritor: ler muito.

Os hobbies nos dão a sensação de ter identidade e propósito. Eles nos fornecem um sentido de realização, de autoexpressão, que não está necessariamente ligado ao nosso trabalho ou aos nossos papéis familiares. Isso pode nos ajudar a construir resiliência, autoestima e autoconfiança — todos os componentes cruciais para a felicidade e o bem-estar mental.

Ao longo dos últimos 11 anos atendendo pessoas, notei um ponto em comum naquelas que chegavam a mim com a sensação de falta de sentido na vida, desde donas de casa até megaempresários que faturavam milhões de reais: elas não tinham um hobby.

É muito tentador abandonarmos de vez esse tipo de atividade que, algumas pessoas diriam, "não leva a lugar nenhum". Até hoje não encontro explicação para o meu desejo de, aos 7 anos, aprender a fazer crochê e passar o tempo com aquelas senhorinhas fofas. Mas, certamente, era mais fácil fazer esse tipo de escolha aos 7, quando a vida era somente brincar com colares de macarrão e cinzeiros de argila na escola, além de assistir ao Pica-Pau enquanto tomava Toddynho.

Na vida adulta, com a correria no trabalho e no cuidado dos filhos, nos sentimos a todo momento sem tempo suficiente nem para as obrigações e o básico, imagine para ter um hobby. Porém, como a ciência e a experiência me mostraram, por mais sucesso material ou realização pessoal que alguém possa ter, os hobbies são uma fonte de benefícios insubstituível.

Os hobbies também são uma forma poderosa de conectar-se a outras pessoas. Se você se envolve com um clube de leitura, por exemplo, ou faz aulas de dança, está se conectando a pessoas que compartilham de um interesse comum. Isso pode ajudá-lo a construir relacionamentos sociais significativos, que, por sua vez, são frequentemente associados por diferentes pesquisas a níveis mais altos de felicidade.

Do ponto de vista biológico, os hobbies podem estimular a produção de endorfina no cérebro. Essa substância química do prazer é liberada quando fazemos coisas de que gostamos e que nos fazem sentir bem.

Então, se você já teve algum hobby que amava, que tal resgatá-lo? E se você nunca teve um hobby ou não gosta mais do que tinha antes, pode ser a hora de encontrar um. Pense em algo que você sempre quis fazer, mas nunca teve tempo ou coragem. Pode ser pintar, jardinar, escrever, ler, dançar ou tocar um instrumento musical... Escolha algo que faça seu coração cantar. Dê a si mesmo a permissão para explorar, experimentar e se expressar, pois a felicidade pode estar escondida em um hobby que você ainda não descobriu.

Protocolo para cultivar hobbies e paixões pessoais

Primeiro passo: descoberta

Liste suas paixões: durante dez minutos, escreva uma lista com todas as coisas que você ama ou sempre quis tentar. Não se censure nesse processo — se algo te fascina, adicione à lista.

Pesquise possíveis hobbies: dedique entre 15 e vinte minutos para pesquisar sobre algumas das paixões listadas. Quais recursos ou ferramentas você precisaria para começar? Existem aulas ou grupos locais aos quais você poderia se juntar?

Segundo passo: planejamento

Organize sua agenda: durante sua pausa para o almoço, encontre um espaço em sua agenda para o seu novo hobby. Lembre-se: mesmo que seja apenas uma vez por semana, isso já é um bom começo.

Terceiro passo: prática

Pratique seu hobby: agora é a hora de fazer o que você ama. Passe algum tempo explorando seu novo hobby. Seja paciente consigo mesmo, já que toda nova habilidade leva tempo para se desenvolver. Coloque o hobby na agenda, pois você já sabe: o que não é colocado na agenda não acontece.

Quarto passo: reflexão

Anote suas experiências: dedique alguns minutos para refletir e escrever sobre a experiência. O que você aprendeu? Do que gostou? Tem algo que poderia ser feito de um jeito diferente na próxima vez? Esses exercícios irão ajudá-lo a criar um espaço para os hobbies e paixões na sua rotina diária.

***

Lembre-se: o objetivo aqui é encontrar alegria e satisfação na prática do hobby, não se tornar um expert de imediato. Seja gentil consigo mesmo e aproveite o processo de aprendizado.

Priorizar a felicidade não significa ignorar as emoções negativas. Pelo contrário: trata-se de aprender a abordá-las de maneira saudável, buscando apoio quando necessário e fazendo um esforço consciente para cultivar emoções positivas e práticas de autocuidado. Ao fazer isso, você estará melhor equipado para enfrentar os desafios da vida, e terá mais a oferecer para aqueles que o rodeiam.

Dicas para encontrar a felicidade na rotina diária: esqueça a ideia de grandes realizações para ser feliz

Encontrar a felicidade na rotina diária pode parecer um desafio, ainda mais se você está quase sempre correndo de uma tarefa para outra. No entanto, é importante lembrar que a felicidade não é necessariamente encontrada em grandes conquistas ou marcos de vida. Na verdade, a ciência mostra que as pequenas coisas — os prazeres simples e diários — podem trazer uma alegria autêntica que perdura.

Cada vez mais a ciência confirma a existência de uma forte correlação entre a apreciação das pequenas coisas da vida e a felicidade geral. Por exemplo, apreciar o nascer do sol, saborear uma xícara de café, ou até mesmo a sensação de uma brisa fresca no rosto podem trazer momentos de felicidade significativa.

No livro *Savoring: A New Model of Positive Experience*[41] [Saborear: um novo modelo de experiência positiva, em tradução livre], Fred Bryant e Joseph Veroff apresentam um modelo detalhado de *savoring*, que é a capacidade de atender, apreciar e amplificar as experiências positivas na vida, incluindo as pequenas alegrias diárias.

Eles argumentam que *savoring* é uma habilidade que pode ser desenvolvida e defendem que ela pode ter efeitos duradouros no nosso bem-estar. Se você sente que ainda não saboreia as pequenas coisas da sua vida o suficiente, pode ficar tranquilo: assim como muitas das habilidades que discutimos neste livro, essa é mais uma que você vai desenvolver aos poucos com os protocolos do reset.

---

41 BRYANT, F. B.; VEROFF, J. **Savoring: A New Model of Positive Experience.** Mahwah, NJ: Lawrence Erlbaum, 2007.

Na verdade, talvez você já venha fazendo isso em algumas ocasiões, mesmo que não note. Por exemplo, um estudo de Jaime Kurtz[42] fala que perceber o tempo como escasso pode aumentar a habilidade de apreciar experiências presentes, incluindo as pequenas coisas que poderiam ser esquecidas ou desvalorizadas. Você já reparou como nos seus últimos dias de férias você fica mais sensível a apreciar cada momento vivido, ou, como propõem Bryant e Veroff, a "saborear" mais as pequenas coisas desse restinho das férias?

É interessante que nós consigamos funcionar dessa forma quando percebemos o tempo como escasso, mas não o façamos o tempo todo. Afinal de contas, o tempo da experiência humana já é escasso por si só, mas como nos esquecemos da nossa mortalidade na maior parte do tempo, acabamos deixando de apreciar cada momento.

E não só as pequenas coisas podem nos deixar muito felizes, mas também pequenos atos ou momentos de apreciação nos ajudam a cultivar emoções positivas, regulando nossas emoções.[43]

Essa função da gratidão foi estudada até mesmo em contextos específicos, como por exemplo em mulheres com câncer de mama metastático, e foi mapeado que a capacidade de apreciação e gratidão mesmo nas circunstâncias mais adversas, incluindo encontrar significado e alegria nas pequenas coisas da vida, pode desempenhar um papel significativo na promoção do bem-estar e na satisfação com a vida.[44]

---

42 KURTZ, J. L. **Looking to the Future to Appreciate the Present: The Benefits of Perceived Temporal Scarcity.** Psychological Science, v. 19, n. 12, p. 1238-1241, 2008.
43 NELIS, D.; QUOIDBACH, J.; HANSENNE, M.; MIKOLAJCZAK, M. **Measuring individual differences in emotion regulation: The Emotion Regulation Profile-Revised (ERP-R).** Psychologica Belgica, v. 51, n. 1, p. 49, 2011.
44 ALGOE, S. B.; STANTON, A. L. **Gratitude when it is needed most: Social functions of gratitude in women with metastatic breast cancer.** Emotion, v. 12, n. 1, p. 163-168, 2012.

A biologia também nos dá algumas pistas com os motivos pelos quais tudo isso é tão poderoso. Quando nos permitimos verdadeiramente apreciar e saborear essas experiências, nosso cérebro libera dopamina — como já vimos, o neurotransmissor que nos ajuda a sentir prazer. Isso nos dá uma sensação de bem-estar que pode ajudar a contrabalançar os estresses do dia a dia.

Além disso, a apreciação consciente do momento presente — um elemento central da prática da atenção plena — tem sido associada a uma maior felicidade e bem-estar. Jon Kabat-Zinn sugere que quando colocamos nosso foco e atenção no aqui e agora nos tornamos mais capazes de encontrar alegria nas pequenas coisas.

Então, como você pode encontrar mais felicidade na sua rotina diária? Comece por desacelerar. Reserve um tempo cada dia para estar presente por inteiro em suas atividades. Quando você beber seu café pela manhã, por exemplo, realmente sinta o calor da caneca em suas mãos, sinta o aroma do café, saboreie cada gole. Ou quando você estiver caminhando, perceba o som de seus passos, sinta o sol ou o vento em seu rosto, observe a natureza ao seu redor.

Tem muito mais a ver com a sua intencionalidade e atitude nesses momentos do que com a atividade em si. Uma xícara de chá pode ser apenas uma xícara de chá, ou pode se tornar um momento de autocuidado, atenção plena e apreciação das pequenas coisas, se houver intencionalidade.

Reconhecer e apreciar esses pequenos momentos pode não apenas trazer mais alegria à sua rotina diária, mas também pode ajudá-lo a se sentir mais conectado consigo mesmo e com o mundo.

Como celebrar os sucessos e recomeços: triunfando com alegria

Celebrar os sucessos e recomeços é crucial para encontrar a felicidade. Isso não só nos ajuda a reconhecer e apreciar nossas realizações, mas também reforça nossa motivação e nos encoraja a continuar crescendo e se esforçando.

A ciência tem muito a dizer sobre a importância de celebrar nossas vitórias. Pesquisas mostram que, quando celebramos nossos sucessos, o cérebro libera dopamina, o neurotransmissor do prazer.[45] Essa resposta química pode criar uma associação positiva com o comportamento que levou ao sucesso, incentivando-nos a repetir o comportamento no futuro.

Além disso, a celebração dos recomeços pode ser um poderoso impulsionador do bem-estar psicológico. Um estudo publicado na *American Psychologist* mostrou que a capacidade de começar de novo após um revés ou uma falha é crucial para a resiliência e pode levar a níveis mais altos de felicidade e satisfação na vida.[46]

Suponha que você tenha um grande relatório para concluir no trabalho. Você sabe que será um desafio, mas decide enfrentá-lo. Quando finalmente conclui o relatório, você decide comemorar — talvez comendo uma pizza, chamando um amigo para compartilhar a conquista ou simplesmente dando uma pausa para se esticar e respirar.

No momento em que você reconhece e celebra seu sucesso, seu cérebro libera dopamina, fazendo com que você se sinta recompen-

---
45 SHOHAMY, D.; ADCOCK, R. A. **Dopamine and adaptive memory.** Trends in Cognitive Sciences, v. 14, n. 10, p. 464-472, 2010.
46 MASTEN, A. S. **Ordinary magic: Resilience processes in development.** American Psychologist, v. 56, n. 3, p. 227-238, 2001.

sado e satisfeito. Esse sentimento de satisfação associa o esforço que você colocou na tarefa a um resultado positivo, incentivando-o a enfrentar desafios semelhantes no futuro com a mesma determinação.

Outro exemplo pode ser você tentando iniciar um hábito de exercício regular, que já vimos aqui ser essencial para o seu reset de vida. No início, pode ser difícil encontrar a motivação para se exercitar, mas à medida que você persiste e começa a ver progresso — talvez você consiga correr um pouco mais longe (ou correr a sua primeira música inteira, como eu), levantar um pouco mais de peso ou simplesmente se sentir mais energizado —, torna-se mais fácil tirar um tempo para celebrar essas vitórias. Essa celebração, novamente, resulta na liberação de dopamina e reforça a associação positiva entre se exercitar e se sentir bem, tornando-o mais propenso a manter o hábito a longo prazo.

Quando comecei a correr, eu estabelecia metas (primeiro mês inteiro comparecendo, primeira música inteira correndo etc.) e celebrava a realização delas me presenteando com um par de tênis novo ou uma nova roupa de corrida, o que só me deixava ainda mais animada para correr no dia seguinte.

Celebrar também tem um impacto significativo na sociabilidade. De acordo com uma pesquisa feita por Robert Emmons, celebrar com os outros pode aumentar nossos laços sociais e nos ajudar a sentir mais conexão e apoio.[47]

Por exemplo, se você completou um projeto desafiador no trabalho e decide compartilhar essa conquista com seus colegas, talvez

---

47 EMMONS, R. A.; MCCULLOUGH, M. E. **Counting Blessings Versus Burdens: An Experimental Investigation of Gratitude and Subjective Well-Being in Daily Life.** Journal of Personality and Social Psychology, v. 84, n. 2, p. 377-389, 2003.

trazendo alguns doces para o escritório ou propondo um brinde durante a reunião de equipe, essa celebração compartilhada não apenas permite que você saboreie seu sucesso, mas também fortalece a sensação de camaradagem e apoio mútuo entre você e seus colegas. Esses tipos de celebrações podem ajudar a estreitar os laços sociais, criando um ambiente de trabalho mais positivo e solidário.

Outro exemplo pode ser você alcançando uma meta pessoal, como completar uma maratona ou atingir um objetivo de perda de peso. Você decide celebrar essa conquista com a família e os amigos, talvez organizando um jantar ou um churrasquinho no final de semana. Essa celebração em grupo permite que você compartilhe suas realizações e alegria com as pessoas que ama, reforçando suas conexões e proporcionando uma sensação de apoio e validação.

Pode ser que você queira marcar um novo começo em sua vida, talvez mudando de emprego, mudando-se para uma nova cidade, começando um novo hobby ou curso, ou até mesmo dando início ao processo de reset de vida proposto neste livro. Se você decide marcar essa ocasião com uma celebração — pode ser organizando uma festa de despedida ou uma noite de jogos com amigos —, essa celebração não só permite que você reconheça e comemore o novo capítulo em sua vida, mas também ajuda a fortalecer sua rede de apoio e a fazer com que você se sinta mais conectado à sua comunidade.

Afinal, como a pesquisa sugere, celebrar nossos sucessos e novos começos com os outros pode nos ajudar a sentir mais conexão e apoio, promovendo um maior bem-estar social e emocional.

Então, como você pode trazer mais celebração para a sua vida? Comece reconhecendo suas vitórias, grandes e pequenas. Talvez você tenha terminado um projeto importante no trabalho ou finalmente tenha começado a se exercitar com mais frequência. Reserve um tempo para comemorar essas vitórias.

Você também pode celebrar os recomeços. Se você se recuperou de um revés ou está começando uma nova fase na sua vida, comemore essa capacidade de recomeçar.

A celebração não precisa ser grande ou cara. Pode ser tão simples quanto compartilhar a sua conquista com um amigo, tomar um banho relaxante ou se presentear com seu livro ou filme favorito. O importante é reservar um momento para reconhecer e apreciar suas realizações e seus recomeços.

> **Protocolo de celebração dos sucessos e recomeços**
>
> *Manhã: prática da gratidão*
>
> Ao começar o dia, reflita sobre qualquer sucesso que você tenha alcançado no dia anterior, por menor que seja. Anote-o em um diário de gratidão e passe alguns momentos apreciando sua realização.
>
> *Tarde: tempo de celebração*
>
> Reserve um tempo para comemorar qualquer sucesso que tenha alcançado até agora no dia. Isso pode ser algo pequeno, como completar uma tarefa difícil, ou algo maior, como conseguir um novo cliente. Celebre de uma maneira que seja significativa para você, seja dançando na sua casa, seja tomando um café especial ou ligando para um amigo para compartilhar a notícia.

> ### *Noite: rituais de recomeço*
>
> Se você experimentou um revés durante o dia, use esse tempo para iniciar um ritual de recomeço. Isso poderia ser algo como escrever em um diário sobre o que você aprendeu com a experiência e como pretende seguir em frente, ou talvez fazer uma meditação para liberar quaisquer sentimentos negativos e focar a possibilidade de um novo começo.
> Celebração do recomeço: se você está iniciando uma nova fase em qualquer área de sua vida, celebre esse recomeço. Pode ser com algo simples, como acender uma vela e definir algumas intenções, ou talvez preparar uma refeição especial para marcar a ocasião.
>
> ***
>
> Não se esqueça de que as celebrações são um lembrete do quanto você é capaz, resiliente e digno de alegria em cada passo da sua jornada, tanto nas vitórias quanto nos recomeços. Essa prática diária ajudará você a construir o hábito de reconhecer e valorizar as próprias conquistas e a sua capacidade de começar de novo, fortalecendo sua autoestima e promovendo uma sensação de bem-estar.

Priorizar sua felicidade: talvez pareça egoísta à primeira vista, mas essa prática pode melhorar seu bem-estar geral e beneficiar todos ao seu redor

Parece contraintuitivo, mas colocar sua felicidade em primeiro lugar é uma das coisas mais altruístas que você pode fazer. Quando estamos felizes, somos mais capazes de contribuir de forma positiva para as pessoas ao nosso redor e para a sociedade como um todo. Afinal, como poderíamos dar aos outros algo que nós mesmos não possuímos?

A psicologia positiva, uma área de estudo que se concentra na promoção de emoções positivas e bem-estar, sugere que quando estamos felizes tendemos a ser mais produtivos, criativos e sociáveis. No trabalho, isso pode se traduzir em maior engajamento, colaboração e desempenho, beneficiando não apenas o indivíduo, mas também os colegas e a organização como um todo.

Em casa, priorizar a felicidade pode ter um efeito cascata, melhorando o ambiente familiar e as relações interpessoais. Pesquisas sugerem que responsáveis felizes têm maior probabilidade de criar crianças felizes, o que demonstra como o bem-estar individual pode influenciar a felicidade de toda a família.

Para você que luta para equilibrar as responsabilidades pessoais e profissionais, essa perspectiva pode ser um bálsamo. Em vez de se sentir culpado por tirar um tempo para o autocuidado — talvez tomando um banho demorado, lendo um livro ou se permitindo uma soneca no meio da tarde —, você pode ver isso como um ato de amor não apenas para si mesmo, mas também para seus filhos, seus amigos ou seus colegas de trabalho.

Além disso, quando aprendemos a priorizar nossa felicidade, estamos dando um exemplo positivo para os outros, especialmente para os mais jovens. Mostramos a eles que não apenas é aceitável, mas essencial cuidar de si mesmo e fazer da própria felicidade uma prioridade.

Protocolo de priorização da felicidade

Muitas das recomendações que aparecem ao longo deste livro também envolvem formas de priorizar sua felicidade. Abaixo, uma proposta extra para você colocar em prática sempre que possível.

Movimento alegre

De preferência no fim da tarde, faça algum tipo de exercício de que você realmente goste. Pode ser uma caminhada ao ar livre, uma aula de dança, yoga, ou mesmo uma brincadeira com seus filhos no parque. O importante é que seja uma atividade que lhe traga alegria e ajude-o a liberar o estresse.

Conclusão

Acione o poder do reset e transforme o mundo

Chegamos ao fim desta jornada, meu amigo (acho que posso chamá-lo assim, pois passamos por tantas coisas juntos até aqui e já compartilhei alguns dos meus momentos mais constrangedores com você). Juntos, desbravamos um universo de desafios e possibilidades, com o objetivo de aprimorar o seu desenvolvimento pessoal. Por meio dos nossos encontros nestas páginas, abrimos nosso coração para a redefinição e para a busca constante pela melhor versão de nós mesmos.

Nos primeiros capítulos, exploramos a importância do autocuidado e sua relação intrínseca com a saúde e o bem-estar mental, físico e emocional. Ressaltamos como a falta de autocuidado pode nos conduzir a um estado de desequilíbrio, levando a dificuldades na conciliação entre vida pessoal e profissional.

Em seguida, navegamos pelo mundo da procrastinação, discutindo como essa tendência humana de adiar compromissos pode nos impedir de realizar nossos projetos. Vimos de que maneira estratégias como a definição de metas claras e a criação de uma agenda de tarefas podem ajudar a combater a procrastinação — e eu espero que você não esteja procrastinando e coloque tudo o que conversamos em prática!

Falamos também sobre a necessidade de organização e como a falta dela pode nos impedir de priorizar corretamente nossas tarefas. Uma simples atitude como manter uma agenda ou lista de tarefas pode fazer uma diferença significativa em nossa vida.

Agora que já desvendamos esses e tantos outros conceitos, quero que você se sinta encorajado e inspirado para iniciar o seu reset de vida.

Não vou mentir: o caminho não será fácil. Você enfrentará desafios e obstáculos, incluindo a tentação de voltar aos velhos hábitos, a dificuldade em manter a organização e a constante batalha contra a procrastinação.

Contudo, lembre-se de que a chave para a superação desses desafios está dentro de você. Seu comprometimento e persistência serão seus maiores aliados. Como primeiro passo, sugiro que você revise suas metas, organize sua agenda e defina pequenas ações diárias que o ajudem a alcançar esses objetivos.

A importância do poder do reset vai além de nossa vida pessoal e profissional. Ao nos transformarmos, estamos contribuindo para uma mudança no mundo. Cada pequeno passo que você dá em direção a uma vida mais equilibrada e realizada inspira outras pessoas a fazerem o mesmo.

Quando abandonei minha carreira de advogada para viver minha paixão pela escrita, não imaginava que influenciaria milhares de pessoas a seguir suas paixões e a fazer novas escolhas para a vida delas, mas a felicidade e a alegria que criei na minha própria existência se mostraram contagiantes. Tenho certeza de que os seus resultados serão igualmente inspiradores.

Por isso, encorajo-o a compartilhar sua experiência e o que aprendeu com este livro, seja com seus amigos mais íntimos, seja por meio de suas redes sociais. Caso você compartilhe seus passos e microssucessos nas redes, não deixe de marcar meu perfil (@eupaulaabreu) para que eu possa celebrar com você.

Cada voz conta. Cada história conta. Juntos, podemos criar uma onda de mudanças positivas. Afinal, não é só a nossa vida pessoal e profissional que anda precisando de um reset... o mundo precisa de um reset também!

* * *

Lembre-se sempre de que a jornada é tão importante quanto o destino. Não tenha medo de fazer ajustes ao longo do caminho. Permita-se experimentar, errar e aprender. E, acima de tudo, procure ser gentil consigo mesmo. O poder do reset não é apenas um punhado de atividades que devem ser anotadas na agenda, mas uma filosofia de vida.

Por fim, mas não menos importante, desejo a você a força e a coragem para pressionar o botão de reset sempre que necessário. Porque, afinal, todos nós merecemos a chance de começar de novo, quantas vezes forem necessárias.

Vá em frente. O mundo precisa da sua luz. E, quem sabe, sua história de transformação possa ser a faísca que acenderá a chama de mudança na vida de outra pessoa. O poder do reset não está apenas em recomeçar, mas em inspirar outros a fazerem o mesmo.

Então, vamos espalhar essa mensagem juntos? Cada pequena ação faz a diferença. Compartilhe suas experiências, suas lutas, suas vitórias. Compartilhe este livro com as pessoas que você ama. Juntos, podemos transformar o mundo, um reset de cada vez.

Desejo-lhe muito sucesso em sua jornada. E nunca se esqueça de que o poder do reset está sempre ao seu alcance.

Agora é sua vez. Pronto para acionar o poder do reset em sua vida?

Este livro foi composto na tipografia Minion Pro,
em corpo 11,5/16, e impresso em
papel off-white no Sistema Cameron da
Divisão Gráfica da Distribuidora Record.